글쓰기에는 기적이 산다

나를 찾아 떠나는 치유의 여행
글쓰기에는 기적이 산다

초 판 1쇄 2019년 07월 24일

지은이 조문희
펴낸이 류종렬

펴낸곳 미다스북스
총괄실장 명상완
책임편집 이다경
책임진행 박새연 김가영 신은서
본문교정 최은혜 강윤희 정은희

등록 2001년 3월 21일 제2001-000040호
주소 서울시 마포구 양화로 133 서교타워 711호
전화 02) 322-7802~3
팩스 02) 6007-1845
블로그 http://blog.naver.com/midasbooks
전자주소 midasbooks@hanmail.net
페이스북 https://www.facebook.com/midasbooks425

© 조문희, 미다스북스 2019, *Printed in Korea*.

ISBN 978-89-6637-697-1 03190

값 15,000원

미다스북스는 다음세대에게 필요한 지혜와 교양을 생각합니다.

나를 찾아 떠나는 치유의 여행

글쓰기에는 기적이 산다

조문희 지음

미다스북스

그저, 제 이야기입니다. 치열하게 글을 쓰면서 저는 글쓰기 속에 기적이 살고 있는 것을 보았습니다. 기적뿐만이 아니었어요. 글쓰기 속에는 상담 선생님, 사감 선생님, 변호사, 판사, 제 전속 매니저까지 다 살고 있더군요. 저는 글을 쓰면서 이렇게 글 속에 살고 있는 특별한 분들을 만났고 기적을 보았습니다.

제가 책을 쓴 것은 여러분도 이 기적을 만났으면 해서예요. 이 기적이 어떤 힘을 발휘하는지, 이 기적이 여러분의 삶을 어떻게 변화시키는지 말이에요.

사실, 저는 몸이 너무 아픈 엄혹한 시간에 글쓰기를 시작하였습니다. 물론 대학 때부터 다이어리나 메모장, 손바닥만 한 수첩들을 이용해서 글을 썼지만 치열하게 나 자신에게 집중하며 나를 찾아 떠나는 글쓰기 여행은 전혀 달랐습니다.

제가 말하고자 하는 것은 바로 이것! 여행 중에 만난 글쓰기의 힘입니다.

글쓰기의 힘이라니! 이렇게 묵직한 내용의 책을 쓴다는 것이 적잖이 부담스러운 일이기도 하지만 이 일의 시작은 글쓰기가 자신의 힘을 제게 너무도 분명하게 확증하였기에 어쩔 수 없었습니다. 저는 책을 써야 했어요.

이 책은 제가 글을 쓰면서 보고 듣고 느낀 것, 즉 제가 직접 경험한 이야기들입니다.

"당신이 경험한 이야기가 뭐가 그리 대단하다고!"

이렇게 말할 분도 있으실 거예요. 충분히 이해합니다. 그런데, 이런 소리 들어본 적 있으세요?

"잘 봐, 이게 너야. 너는 이런 사람이야. 너는 이렇게 훌륭한 사람이야."
"나는 네가 얼마나 인생을 열심히 살았는지 알아."

글쓰기가 자신의 힘을 확증한 이 놀라운 사실들을 놓칠 순 없었고 잘 다듬고 정리해서 다른 사람들에게 글쓰기의 힘을 말해야겠다는 어쩌면 사명감(?) 같은 생각을 한 것입니다. 글쓰기를 외치는 사람으로 살고 싶다는 생각과 함께 말이에요. 치열하고도 숨 막히게 글쓰기의 힘을 말하고 싶습니다. 글을 쓴다는 것이 무엇인지, 글쓰기 힘이 무엇인지 말이에요. 그즈음에 쓴 글을 하나 소개할게요.

나는 글을 쓰면서 알았다. 쓰나미에 쓸려 내려가는 나를 지켜볼 수밖에 없었던 상황에서 내가 글을 쓰면서 느꼈던 나라는 사람에 대한 본질과 정의, 가치와 회복.

이 엄청난 움직임을 어떻게 말로 다 설명하랴. 그러나, 나는 분명하게 말할 수 있다. 이 깨달음을 주도면밀하게 이끈 것은 글쓰기의 힘이었다는 것을. 특별하고 신기하고 놀랍고 아름답기까지 한 글쓰기의 힘은 내게 이렇게 왔다.

어느 날 생각했다. 나는 말해야 한다고. 내가 경험하며 느꼈던 이 엄청난 것을 말해야 한다고. 치열하게 글을 쓰며 버텼던 혼자만의 시간. 나의 어디쯤까지를 사유하면서 써 내려갔는지 나는 잘 모른다. 그러나 써 내려간 그곳에서 나는 무엇을 느꼈고 무엇을 보았을까. 나는 전혀 예상치 못했던 새로운 나를 발견하였다.

'이게 나라고? 정말 이게 나라고? 맞아! 맞아! 이게 바로 나였어!'

다시 사는 이 기분, 톡 쏘는 이 기분, 짜릿한 이 기분이 결코 나만의 것이어야 할까?

사실, 책을 쓰기로 하고 글쓰기의 힘에 대한 목차를 쓰고 보니 벅차더군요. 얼마나 치열하게 글을 썼으면 이런 결론을 냈을까? 마음의 잔떨림이 여태껏입니다. 내 자신이 존경스럽기도 하고요.

그러나 여러분, 이 목차와 속에 담긴 글쓰기의 힘은 분명한 사실입니다. 글을 쓰면서 숨이 막히는 듯하고 벅찬 변화를 느낀 것도 모두 사실입니다. 어디서도 만나보지 못했던 기적이 글쓰기 속에 분명 살고 있었거든요.

글을 쓰면서 저는 계속 회복되었습니다. (글의 빛깔이 서서히 달라지더군요. 예민하신 분은 느끼실 수 있을 지도 몰라요.) 나라는 사람이 뿌리째 흔들리기도 해서 남의 동네로 이사를 하기도 하였지만 왕 소심 여사가 허들 선수가 되는 이 특별하고도 짜릿하고도 톡 쏘는 듯한 인생의 맛은 글쓰기가 아니면 불가능했을 거예요.

내게 일어났던 일들은 해석이 필요하기도 했고 경험들에 대한 보다 분명한 명증이 필요해서 심리학을 비롯한 도움이 될 만한 책들을 보았습니다. 책을 읽은 것은 많은 도움이 되었어요. 제게 일어났던 것들을 분명하고 친절하게 이야기해드릴 수 있게 되었습니다.

"글을 쓰면 밥이 나와? 떡이 나와?"
여러분 중에 어느 분은 이렇게 물으실 수도 있어요.

"당신 안에 있는 보물들이 마구 쏟아질 거예요!"

의심스럽고 궁금하다면 진짜 보물이 나오는지 꼭 글을 쓰셔야 해요. 그리고 보물을 꼭 발견하시길 바랍니다.

사실, 제게는 책을 쓴다는 것의 특별함보다 삶의 모든 것이 어떻게 글쓰기로 정리되고 변하는지, 어떻게 이런 일이 있을 수 있는지, 이 사실이 놀랍고 신기합니다. 이렇게 제게 글을 쓴다는 것은 살아온 인생 가운데 가장 특별하고 놀랍고 신기하고 아름다운 일이 되었습니다.

여러분, 이 책은 어둠과 절망의 기록에서 시작되었으나 곳곳에서 감지되는 밝은 빛에서 결심되었습니다. 제 아픔의 기록에서 시작되었으나 제가 성장하고 치유 받고 희망을 품는 것에서 결론되었습니다.

비록 제게 지난 몇 년간은 정지된 시간이었지만, 저는 제가 뿌린 글의 씨앗이 어떻게 밝은 빛이 되어 그 긴 시간을 은밀하게 인도하였는지를 똑똑히 보았기에 가능했습니다.

제게 지난 몇 년간은 날개가 쭉 찢긴 시간이었지만 제가 쓴 깨알 같은 글들이 어떻게 독수리 날개가 되어 우아한 날갯짓을 하는지를 똑똑히 보았기에 가능했습니다.

저는 이 책에서 글의 힘, 글쓰기의 힘이 무엇인지, 왜 꼭 글을 써야 하는지에 초점을 맞추고자 하였습니다. 또한, 이 힘이 필요한 사람들이 쓰기의 두려움과 무엇을 어떻게 시작해야 할지의 막막함을 걷어내길 바라는 마음으로 썼습니다. 제 속에는 '나는 글쓰기의 힘을 안다. 아주 잘 안다.' 이런 당찬 마음이 있습니다.

앞으로 제게 있는 생생한 경험과 글쓰기의 힘은 여러분의 것이 될 것입니다. 저는 글쓰기의 힘이 여러분의 인생을 어떻게 치밀하고도 계획적으로 변화시킬지 아주 잘 알고 있습니다. 글쓰기가 우리 인생을 얼마나 축복으로 이끌지도 아주 잘 알고 있습니다.

지금 당장! 이 엄청나고 위대한 글쓰기의 세계로 빨려들길 바랍니다. 제 인생을 송두리째 바꾸어 놓은 글쓰기가 여러분의 인생도 송두리째 바꾸어 놓기를 바라는 마음은 글쓰기의 힘이 오늘을 사는 우리 모두의 것이 되어야 하기에 그렇습니다.

책을 쓰기까지 많은 용기와 이유가 필요했습니다. 사랑하는 가족과 친구들, 이웃들을 바라보며 안타까운 마음에 이 책을 시작하게 되었습니다. 지금 나는 사람들에게 글쓰기가 무엇인지 말하고 그들의 삶 가운데서 글쓰기의 힘이 어떻게 일하는지를 목격하길 바라고 있습니다.

다른 이유는, 출판되고 있는 글쓰기 책의 대부분은 'How to'의 내용을 다루고 있다는 데 있습니다.

시중에는 이미 글쓰기와 관련된 실천 요령과 어떻게 더 잘 쓸 수 있을까를 일러주는 참고서들이 많이 나와 있지만, 시작점은 왜 써야 하는가의 물음에 대해 부인할 수도, 거절할 수도 없는 강력한 끌림이 있어야 한다고 생각합니다. 그래서 용기를 냈습니다.

진실은 언제나 통한다고 생각합니다. 지금부터 가장 진실하게 나를 대면하고 진정성 있는 대화를 시작해보세요. 글을 쓰시라는 거예요. 자기 자신을 써보라는 것입니다. 써보면, 치열하게 써보면 알 수 있습니다. 자기 자신을요. 그리고 나를 안다는 것이 삶 가운데서 무슨 일을 하는지요.

"글쓰기가 뭔데, 글쓰기의 힘은 또 뭐고."
"글 앞에서 내가 진실할 수 있을까? 구차한 변명이나 늘어놓는 건 아닐까? 내가 지속적으로 쓸 수나 있을까?"

걱정하지 마세요. 글쓰기는 전혀 허술하지 않아요. 당신이 생각하는 것보다 훨씬 똑똑하고 치밀합니다. 지혜롭고 품위 있게, 때론, 격정적이면서도 다정다감하게 여러분을 이끌 것입니다.

여러분, 글을 쓰세요. 꼭 쓰세요. 여러분의 인생을 그냥 글쓰기에 맡기세요. 꼭! 그랬으면 좋겠습니다.

-4- 어떻게 글쓰기를 쉽게 할 수 있을까

-5- 나를 찾아 떠나는 글쓰기 여행

-6- 글쓰기로 더 나은 삶을 살아라

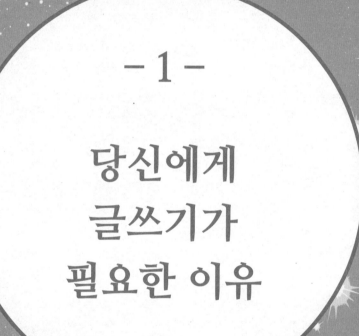

- 1 -

당신에게
글쓰기가
필요한 이유

지금 우리는 왜 글을 써야 하는가?

우리는 글을 왜 쓰는가?

꽤 오래전 마주친 말씀이 있다. '진리가 너희를 자유케 하리라.' 크고 넓적한 돌에 새겨진 이 말씀을 처음 보았을 때 이 말씀은 예사롭지 않게 심장에 파고들었다. 나의 머리에서 발끝까지를, 과거로부터 지금까지의 삶을 관통하는 짧은 문장 하나!

나는, 사실은 잘 몰랐다. 이 말씀이 내 안에서 어떻게 싹을 피우고 열매를 맺고 있었는지, 어떻게 내 본질의 주성분이 되어 있었는지, 성장해서 이 짧은 문장 하나가 나란 사람에게 어떤 역할을 하고 있었는지, 잘 모르고 있었다. 그러나 이 짧은 문장 하나는 누군가의 인생에서 본질을 구성할 수도, 누군가의 인생 전체를 휘감아 끌고 갈 수도, 누군가의 인생 전체를 통째로 바꿀 수도 있는 엄청난 힘을 가지고 있는 것이다.

글자체, 짧은 문장 하나가 이토록 대단한 힘을 가지고 있다면 이 대단한 글이라는 것을 나라는 사람과 인생에 직접 대고 사용한다면 도대체 얼마나 더 대단한 일을 벌일 수 있을까?

스티브 킹의 말을 빌려 표현하자면 '글쓰기는 살아나고 이겨내고 행복해지기 위해 필요하다.'라고 하였다. 맞는 말이다. 그런데 한번 생각해보자. 주변을 둘러보면 굳이 글을 안 써도 사는 데 크게 지장은 없는 듯하다. 그렇다면 의문이 생긴다. 우리는 왜 글을 써야 하는 걸까?

글을 쓰면서 나를 알고 사랑하게 되었다

나는 나를 잘 알고 있다고 생각했다. 그런데 글을 쓰면서 나는 전혀 새로운 나를 보았다. 아니, 어렴풋이 알고는 있었다. 다만 감추어진 비밀 같은, 특별한 나를 보았다고나 할까? 좀처럼 드러내지 않았던 나의 민낯 같은, 나의 속살 같은, 그런 나!

아, 나는 진짜 나를 모르고 있었다. "나는 난데, 어떻게 나를 몰랐다고 할 수가 있지?" 물을 수도 있다. 하지만 분명한 것은 나는 나를 잘 모르고 있었다는 사실이다.

나는 세상에 떠밀려 이리 뛰고 저리 뛰며 사느라 그게 나인 줄 알았다. 실패와 상처가 나를 짓누르고 있어서 시퍼렇게 멍든 사람, 그게 나인 줄 알았다. 절망이 나랑 비슷한 사람을 보며 위로받으라 해서 그게 나인 줄 알았다. 타자가 생각 없이 툭 던지며 뱉은 말, 그게 나인 줄 알았다. 모든 상황에 돌돌 말리고 꽁꽁 묶여 있어서 진짜 나를 발견할 수가 없었던 것이다. 너무나도 바쁜 세상. 나도 덩달아 이리 뛰고 저리 뛰면서 내가 진심으로 원하는 것이 무엇인지를 깊이 들여다보지 못했다. 우리는 모두 지나치게 바쁜 세상을 살고 있다. 너무들 어려운 세상을 살고 있다. 열심히 해보려 했지만 돌아온 것은 실패와 아픔, 절망과 좌절뿐이었다.

나를 잘 알지도 못하면서 온갖 갑질을 해대는, 인간이라는 기준에 턱없이 모자라는 직장 상사, 무슨 오해가 그리도 많은 건지 잘 모르겠는 직장 동료, 뜬금없는 충고가 취미인 친구들이 나를 이리저리 흔들어대는 통에 나는 제대로 서 있기가 힘들었다. 너무 바빠서 도대체 내가 어떻게 살고 있는지를 모르겠는 세상. 너무 바빠 내가 어디로 뛰고 있는지도 모를 정도의 세상. 너무 치열하고 너무 팍팍하고, 그러다 쾅 부딪혀 파란 하늘에서 찬란한 별 무리를 볼 때도 있었고, 어딘가에 콕 처박혀 앞이 안 보일 때도 있었다. 경험상 문을 열고 밖을 나가면 세상 어디에도 경쟁이 아닌 것이 없었다. 이것이 현실이고 내가 견디고 버텨야 하는 내 인생이었다!

지난 몇 년간 나에게는 전혀 원하지 않았던 특별한 시간이 주어졌고 나는 그야말로 치열하게 글을 썼다. '아, 나는 이런 사람이었어! 맞아! 맞아! 나는 이런 사람이었어!' 이렇게 글을 쓰면서 나는 나란 사람이 누구인지를 알게 되었다. 천만다행이었다. 가능성도 알게 되었다. 천만다행이었다. 무엇을 원하는지도 알게 되었다. 천만다행이었다.

그리고 그 끝에서 글을 쓰는 것이야말로 나를 사랑하는 것이며 내 인생에게 최선을 다하는 것임을 알게 된 것이다. 지금에 와서야 말이다. 한참을 돌고 돌아, 깨지고 피멍이 든 후에야, 진짜 나, 어디에도 없는 나, 반짝이는 나를 알게 된 것이다.

누구나 자기를 사랑하는 방법은 주관적이겠지만 나는 글을 쓰는 것이야말로 자기 자신을 사랑하는 것이라고 생각한다. 자기 자신을 사랑하기 위해서 글을 써야 한다고? 그렇다. 여기서 사랑이란 왜곡된 자기 사랑이 아닌 나에 대한 깊이 있는 이해에서 시작되는 진짜 나를 알아가는 그런 사랑을 말한다.

글 없이 떠돌이 인생을 살 수 없다

그렇다면 글을 쓰지 않는다면 어떻게 될까? 어쩌면 우리는 나 자신을 잃고 내가 누구인지도 모르는 떠돌이 인생을 살 수도 있다. 다른 사람이 말한 '나'가 '나'인 줄 알고, 진짜 '나'가 아닌 거짓 '나'에 속으며 긴 인생을 살 수도 있다. 진짜 나를 모른다면 말이다. 내 안에 있는 보물도, 가능성도 모르면서 말이다. 이 얼마나 무서운 소리인가! 생각만 해도 끔찍하지 않은가!

지금 우리는 어떤가? 이 시대를 살아가는 누구라도 알겠지만, 우리 앞에 놓인 변화와 불안, 경쟁과 위기는 그야말로 현실이며 그 결과는 참혹하다. 이미 우리나라는 OECD 국가 중에 자살률 1위, 불명예 1위 국가가 된 지 오래이지 않은가. TV 뉴스를 봐도 그렇고 주변에서 들리는 소리와 소문을 들어도 그렇다. 그저 내일은 평안일 테니 안심하라며 서로를 격려하면서 살 수만은 없는 세상이 되었다. 내가 안전하다고 믿었던 나의 울타리, 내 삶의 터전들, 나의 건강, 나의 물질, 나의 신앙에도 예기치 못했던 위기가 올 수 있다는 것이다. 오늘 내가 감사히 누린 것들과 그것들을 지속하기 위해서 기꺼이 분주하게 움직였던 모든 나날이 어느 날 갑자기 정지되어야만 하는 끔찍한 상황이 올 수도 있다는 것이다.

그렇다면 이런 세상에서 나를 꽉 붙들어줄 수 있는 것이 있을까? 절벽에서 떨어지지 않게 나를 지켜줄 수 있는 것이 있을까? 그것은 글을 쓰는 것이다. 가족의 사랑도 아니요, 친구와의 끈끈한 우정도 아니요, 지인들과의 따뜻한 위로와 도타운 정을 나누는 시간도 아니요, 애인과의 달달한 사랑도 아니다.

이러한 세상을 살아내기 위해 우리에게 필요한 것은 나 자신을 제대로 아는 것이다. 나 자신의 생각을 표현하고, 나를 이해하고, 알아가는 것은 얼마나 중요한가! 이것이야말로 진짜 나를 사랑하는 것이 아니겠는가!

나를 표현할 수 있는 방법에는 여러 가지가 있다. 그러나 문자로 이루어진 텍스트를 만드는 글쓰기는 사람의 생각과 감정을 표현하는 가장 효과적인 방법이 된다. 삶에서 느끼는 어떤 감정이나 생각 같은 것들을 글로써 쓸 때에 다른 어떤 방법보다 잘 표현할 수 있는 것들이 있기 때문이다.

사실, 나에게 있는 생각이나 감정들을 정확하게 글로 표현하는 것은 쉬운 일은 아니다. 그러나 글로써 표현된 감정과 생각은 그 어떤 것보다도 뛰어난 힘을 가지고 있기에 써야 한다. 나를 알기 위해서는 표현을 해야 하고 나를 표현할 때에라야 진짜 나를 알 수 있기 때문이다.

분명 글을 쓰며 나를 표현한다는 것은 제대로 된 나를 알 수 있는 첫 번째 방법이 된다. 해보자. 용기 내어 부지런히 표현해보자. 글로써 나를 표현하며 제대로 된 나를 알아간다면 당신은 이 시대를 이기거나 최소한 비길 수 있는 든든한 무기 하나는 갖추는 것이 된다. 이 시대는 지나치게 빠르고 지나치게 변덕스럽고 지나치게 경쟁이 심하므로 점잖으면서도 매력적이면서도 내공이 끝내주는 지혜로운 글쓰기가 꼭 필요하다.

지금 우리에게는 분명한 사실 하나가 있다. 이 시대는 현실이고 이 변화를 멈출 마음이 전혀 없어 보인다는 것이다.

오늘, 내 인생을 위해 왜 글을 써야 하는지 곰곰이 생각해보자. 분명 당신에게는 글을 써야 할 이유가 있을 것이다. 그렇다면 피하지 말고, 변명하지 말고, 숨지도 말고, 글쓰기 앞으로 어서 나오라. 글을 써라. 꼭 쓰길 바란다.

이제 스펙이 아니라 스토리의 시대

스펙을 뛰어넘는 이야기의 발견

『스토리가 스펙을 이긴다』의 저자 김정태는 말했다.

"스펙과 스토리는 대립 관계가 아니다. 우리들의 모든 모습이다. 그러나 스펙은 우리들의 인생에 한정적인 빙산의 일각과도 같다. 스펙은 빙산이 녹는 것처럼 시간이 지남에 따라 사라지지만 중요한 것은 빙산 아래 바닷속에 숨겨진 거대한 부분인 잠재적인 스토리다."

우리에게는 분명 스펙을 뛰어넘는 더 큰 이야기가 있다.

나는 글을 쓰면서 몇 줄 스펙보다 몇 배 더 가치 있는 진짜 나의 스토리를 만났다. 사회가 말하는 어떤 기준으로 나 자신을 보는 것이 아니라 내 스토리가 어디에 있는지를 명확하게 알고 그것을 꺼내어 쓰는 것이 중요하다는 것을 깨달은 것이다.

어쩌면 이 놀라운 만남이 책을 쓰게 된 결정적인 동기가 되었을지도 모른다. 진짜 하고 싶은 이야기는 바로 이것이다.

"이 시대를 진정으로 이길 수 있는 사람은 자기 자신의 이야기를 알고 자기 안에 있는 잠재력과 위대함을 꺼내어 쓸 수 있는 사람입니다!"

헨리 데이비드 소로는 이렇게 말했다.

"집이 다 무슨 소용이 있겠는가? 그 집을 갖다 세울 건전한 지구가 없다면."

나는 이렇게 바꾸어 말하겠다.

"스펙이 다 무슨 소용이 있겠는가? 그 스펙을 갖다 세울 스토리가 없다면 말이다."

스펙이 아니라 스토리가 사람을 결정한다

온 나라가 '스펙! 스펙!'을 외친 결과 스펙이 중요해졌다. 그러나 우리에게 정말 중요한 것은 스펙이 아니라 스토리다. 그 사람을 결정짓는 것은 몇 줄의 스펙이 아니라 그 사람의 진하디 진한 스토리인 것이다.

그렇다. 아무리 생각해도 인간의 가치는 그 사람이 가지고 있는 몇 줄 스펙으로는 말할 수가 없다. 그 사람이 자신을 발견하고 성공하기까지 겪은 고통과 인내, 실패를 딛고 일어설 수 있었던 피나는 노력, 이것이야 말로 진짜 그 사람 아니겠는가. 그 사람의 가치는 그 사람의 진한 스토리에 의해 평가되어야 하는 게 마땅한 게 아니겠는가.

아래는 내가 블로그에 적었던 글이다.

예전에 면접 보던 기억이 난다.

"선생님 같은 분이 어떻게 일하는지 압니다. 제가 그러니까요."

그냥 그런 스펙에 어떤 졸업이었는지를 적었는데,
그분은 그 속에서 나의 기질을 보았던 것이다.

나는 사람을 스펙으로 평가하지 않으려고 노력한다.
더 있으니까. 사람을 소개할 때도 마찬가지.

스펙이 사람의 평가 기준이 되지 않도록 나만의 노력을 한다.
더 있으니까. 분명 더 있을 테니까.

힘들게 이룬 스펙을 무시하자는 건 전혀 아닌데,

스펙으로만 모든 게 오케이 되는 건 아니지 않나.

어쩌면 스펙보다 그 사람의 스토리가 더 진국이지 않을까.

스토리 안에 그 사람의 본성이나 기질이 잔뜩 녹아 있을 테니 말이다.

남자 지휘자를 원했고 더 화려한 스펙의 지휘자를 원했을까.

'나 말이야. 섬세하고 감각적인 사람이잖아. 거기다가 분석력은 또 얼마나 짱
인데. 나 성실한 건 하늘이 알고 땅이 알잖아. 배려심은 또 어떻고. 대원들과의
관계는 또 얼마나 좋아.'

나이 든다는 거, 뻔뻔할 수 있다는 거,

뻔뻔하다는 거, 조금 더 자유로워졌다는 거,

그냥 내 생각이다.

지난 날, 스펙으로 맘 고생하던 때의 이런저런 이야기를 생각하며 그
곳에서 한참을 두리번거릴 때, 책의 두께만큼이나 놀랍고 감동적인 앤서
니 라빈스의 진한 스토리가 내게로 왔다. "안녕? 내 얘기 좀 들어볼래?"
햇살이 뜨겁다 못해 따가운 여름 한낮, 시원한 소낙비처럼. 그의 스펙은
이렇다.

학력 : 1980년 고등학교 졸업.

직업 : 빌딩 유리창 청소부.

사는 곳: 10평 남짓한 독신자 아파트. 부엌이 없어 욕조에서 설거지를 해야 함. 모아 놓은 돈 없음, 성공한 친구 없음, 그를 이끌어 줄 스승 없음, 명확한 인생 목표도 없음, 연애하는 사람 없음, 뚱뚱한 몸매, 게다가 지독한 패배주의자.

어느 날, 그는 자신의 내면에 잠든 거인을 깨우고야 말겠다는 인생 최대의 결심을 한다. 자신의 고통스러운 현실과 직면하여 인생의 모든 면에서 성공하겠다는 거대한 비전을 세운 것이다. 그는 『네 안에 잠든 거인을 깨워라』에서 말했다.

"사람들이 내 인생이 진정으로 바뀌게 된 까닭이 무엇인지 물어올 때, 나는 가장 중요한 것은 스스로에게 요구하는 나를 바꾸는 거라고 말한다. 나는 내 삶에서 더 이상 받아들일 수 없는 것, 더 이상 참지 못하는 것, 그리고 정말 되고 싶어 하는 모든 것들을 적어 보았다."

우리가 아는 대로 그는 8년 만에 모든 것을 다 이루었다. 지금 그는 어떤가? 세계적인 라이프 코치, 동기 부여가로 활동하고 있지 않은가. 사람들은 더 이상 그를 얄팍한 스펙으로 기억하지 않는다. 그의 진한 스토리로만 기억할 뿐이다.

그가 말하는 내 안에 잠든 거인을 깨우는 길은, 먼저 결단하는 것이며 진정한 결단의 힘을 기억하는 것이었다. 나는 다행히도 앤서니 라빈스의 위대한 스토리나 지난 몇 년간의 소박하면서도 치열한 경험을 통해 이 결단의 힘을 이루는 방법을 안다. 그것은 글을 쓰는 것이다. 글쓰기의 분석적이며 논리적인 힘과 치밀함이 결단의 힘을 기억하며 이루는 것을 분명히 보았기 때문이다.

성공학 강의나 자기 계발 도서를 읽어보면 분명하게 공통되는 부분들이 있다. 매일 목표를 점검하고 매일 목표를 노트에 쓰는 좋은 습관이 바로 그것이다. 그들은 이렇게 말한다.

"매일 쓰다 보면 삶이 바뀌고 실제 목표를 이루고 있는 자신을 발견하게 되더군요."

그렇다. 이처럼 무언가를 시도하는 사람과 생각에서 끝내는 사람은 다르고, 시도는 하는데, 글을 쓰면서 하는 사람과 쓰지 않고 하는 사람의 결과는 전혀 다르다.

지금 당신은 어떤가? 혹시라도, 여전히 자신의 스펙에 갈증과 아쉬움이 많은 인생을 살고 있는가. 그렇다면 당신은 글을 써야 한다. 글을 쓰면 당신이 쓴 글 안에서 스펙을 뛰어넘는 자신의 무한한 가치와 가능성을 보게 될 것이다. 분명히 당신은 스펙이 말하지 못하는 더 깊고 큰 당신만의 스토리를 보게 될 것이다. 정직함과 성실함을 바탕으로 열정적인 삶을 꾸렸던 당신의 진하디 진한 스토리를 만날 것이다.

당신은 분명 당신의 스펙보다 더 있다. 그러니 부디 글쓰기에 맡겨라. 글쓰기가 당신의 특별하고도 소중한 스토리를 쓸 것이다. 글쓰기는 당신에게 있는 몇 줄 스펙이 아닌 진하디 진한 당신만의 스토리를 쓸 것이다.

자, 이제 차근차근 당신의 스토리를 시작해보자. 당신은 분명 당신의 진한 스토리를 만날 것이다. 당신은 가슴이 먹먹할 것이다.

"내가 이런 사람이었어? 내가? 맞아! 맞아! 나는 이런 사람이었어!"

그리고 중요한 한 가지 사실은, 사람들은 당신의 스펙에 그리 관심이 없다는 것이다. 당신의 진짜 이야기를 궁금해한다는 것이다. 당신만의 진한 이야기에 귀를 기울이고 싶어 한다는 것이다. 당신의 스토리만이 진짜 당신이기 때문이다. 당신의 진한 스토리만이 사람을 움직이기 때문이다.

우리 인생이 스펙이라는 두 글자에 점령당하고 이리 흔들리고 저리 흔들리며 비틀거려서야 되겠는가. 고만고만한 뻔한 스펙에 휘둘리지 말고 우리들의 진한 스토리를 어떻게 쓸 것인지에 마음을 쓰자.

"내 안에 거인아, 있니? 얼마나 크니? 좀 일어나 볼래?"

글을 써라. 꼭 써라. 글쓰기가 당신 안에 있는 거인을 일으킬 것이다.

내 삶이 잘못 되었다는 우울함

내 인생 도대체 왜 이래?

"나 우울증인가 봐. 사람들이랑 말하는 게 싫어져."

친구의 진한 다크 서클이 지금의 상황을 분명하게 설명해주고 있었다. 사실 그 친구나 나는 노력을 안 한 것도 아니었다. 인생을 살면서 계속 실업자가 되지 않기 위해 몸부림쳤으며 사회에서 내 역할을 어떻게 찾을 수 있는지를 묻고 또 물으며 찾고 또 찾았다.

가끔씩 그랬다. '내 인생은 도대체 왜 이래, 나만 힘든가?' 사실 힘이 쭉쭉 빠져 주저앉고 싶을 때도 많았다. 그러나 어디 이렇게 힘들고 녹녹한 삶이 나쁜이겠는가. 우리 사는 모습이 아주 특별한 경우를 제외하고는 비슷하지 않은가.

삶에 대한 회의감은 내 삶은 잘못되었을 거라는 우울함으로 짙어진다.

'왜 나를 싫어하지? 내가 왜 살아야 하지? 이렇게 사는 게 과연 무슨 의미가 있을까?' 습자지에 물이 스미듯 번지는 우울함의 문제는 뇌에 흔적을 남긴다는 것이다. 2018년 기준, 1,400회 가까이 여러 연구에서 피인용된 2004년의 메타 연구결과, 우울이 반복될수록 정서 처리와 기억을 담당하는 해마의 부피가 감소한다고 하였다. 두렵고 안타까운 일이다. 그러나 다행인 것은 모든 가용한 옵션을 사용할 때 그 흔적은 어떻게든 옅어진다는 것이다. 더할 나위 없는 희망이다.

글을 쓰면서 내 안으로 파고들자

살면서 직면하게 되는 많은 어려움과 우울감을 극복하기 위해서 쓸 수 있는 모든 옵션 가운데, 나는 무엇보다 당신에게 일어나고 있는 모든 것을 주저 없이 써보라고 이야기하겠다. 나라는 사람의 뼛속까지 들어가서 내 안에 있는 것들, 망가지고 무너져가는 내 모습을 솔직하게 그리고 날카롭게 써보는 것이다. 쓰다 보면 답을 찾을 수도 있지만, 꼭 답을 찾지 않아도 상관없지 않은가. 그저 쓰는 것만으로도 위로를 얻으며 쉼을 얻을 수 있다. '왜 해야 하는가?', '왜 글을 써야 하는가?'라고 묻지만, 사실 '왜'가 어디에 있는가? '왜'가 왜 중요한가? 일단 무어라도 해야 하는 것 아닌가!

『정신과 의사에게 배우는 자존감 대화법』의 저자인 문지현 원장은 정신의학과 의사는 말하기보다 듣기가 훨씬 중요하다고 하였다. 열심히 귀기울여 듣고, 적절한 반응을 나타내다 보면 환자가 마음을 열고 자신의 이야기를 들려준다고 말했다. 이는 의사가 아니어도 주변 사람들이 시도할 수 있는 방법이라고 한다.

그러나 문제는, 사람에 따라, 또 꺼내려는 이야기에 따라 타인에게 자신의 이야기를 한다는 것이 아주 조심스러울 수 있다는 것이다. 나의 경우 준비 안 된, 즉 비슷한 경험이라는 공통분모가 없는 누군가에게 내 이야기를 꺼낸다는 것이 얼마나 어렵고 힘든 일인지를 몇 번의 경험을 통해서 깨달았다. 사실, 말을 꺼내는 나에게도 한계는 있었다.

'어디까지 솔직해야 하는 거지?'
'이 사람이 내 이야기를 어떻게 받아들일까?'

답답한 심경 위에 어디서 왔을지 모를 고민까지 앞세운 나는 제대로 이야기를 꺼낼 수 없었던 것이다.

우울증에 대한 연구에 의하면, 글쓰기가 우울증 치료제보다 더 훌륭한 기능을 한다고 한다.

"치유는 내 안에 있는 고민, 상처를 표현하는 것에서부터 시작된다!"

우울한 생각이나 기억 속에 갇혀 사는 듯한 답답함, 괴로움을 글로 하나씩 써 내려가다 보면 엉켰던 문제, 풀리지 않던 실타래가 한 올씩 풀려나온다. 이렇듯 뭐든지 써 나간다는 것은 막혔던 생각을 움직이는 행동으로 만들어가기에 그렇다. 우리의 뇌는 새로운 발상, 느낌, 감정, 행동을 추구하기에 책을 읽고 글을 쓰면 뇌의 자기 회로에 불이 들어오기 때문이다.

나를 쓴다는 것은 어디에도 털어놓지 못하는 나의 이야기를 어떠한 부담도 없이 꺼내는 것이다. 치열하게 나 자신에게로 파고들어 나라는 사람이 지나온 삶의 흔적들을 용기 있게 끄집어내는 것이다. 삶의 회의감과 무력감 앞에서 객관적이면서도 냉철하게 때로는 다정하면서도 감격스럽게 나 스스로를 들여다보며 나를 다독이는 것이다.

이렇게 글을 쓰면서 내가 누구인지 어떤 삶을 원하는지, 그러기 위해 어떻게 용기를 내야 하는지 스스로 깨닫는 것은 얼마나 중요한가. 이렇듯 글을 쓰면 나를 배운다.

도무지 답이 보이지 않는 인생

우리는 인생에서 도무지 앞이 안 보이는 시간을 보내야 하는 때를 맞이할 수도 있다. 자의든 타의든 그렇다. 전혀 바라는 바가 아니지만. 사업을 하다 실패할 수도, 잘 다니던 직장을 그만둘 수도 있지 않은가. 갑작스럽게 몸이 아프거나 아니면 사랑하는 가족의 아픔을 손 놓고 지켜봐야만 하는 때가 올 수도 있지 않은가.

누구나 도무지 답을 알 수 없는 길을 걸어야 할 때가 있는 것이다. 어떠한 손도 쓸 수 없는 절박함의 순간을 맞이할 때도 있는 것이다.

'이러다 잉여 인간 되는 거 아냐?'라는 불안감과 좌절감. 지휘자로 살고 싶었던 마음은 트라우마와 함께 찾아온 통증이라는 괴물을 만나고 산산조각이 되어버렸다. 누가 이런 인생을 예상이나 했겠는가? 누가 이 어이없고, 바람직하지 않은 시간을 반가워한다고. 어림 반푼어치도 없는 일 아닌가. 믿기 어려운 이 현실을 어떻게 받아들여야 할까. 나는 내 인생에게 물었다.

"왜 이러는 건데, 도대체 왜 또 정지하고 있는 건데!"

이렇게 정지된 시간, 나는 글을 썼다. 치열하게 내 중심으로 파고 들어가며 나 자신을 발가벗겨 해체시키듯 글을 쓴 것이다. 그리고 이것이 삶의 리셋이 필요한 시간, 최고의 행동이 된 것을 나중에야 알았다. 하인츠 쾨르너는 이렇게 말한다.

"우리가 어떤 삶을 만들어갈 것인가는 전적으로 우리 자신에게 달려 있다. 필요한 해답은 우리 안에 있으니까."

그 누구도 정지되어 있는 나의 삶을, 주저앉은 나를 일으켜주지 못한다. 나를 일으킬 수 있는 사람은 나 자신뿐이다.

세계 최고 리더십 전문가 마셜 골드스미스는 『트리거』에서 우리가 스스로 행동을 변화시켜 진정으로 원하는 자신이 되기 위해서는 트리거가 무엇인지 알고, 우리에게 필요한 트리거를 찾아야 한다고 말했다. '방아쇠, 사건이나 반응 따위를 일으키다, 유발하다'를 뜻하는 '트리거'를 저자는 달리 정의했다. '우리 생각과 행동을 바꾸는 심리적 자극', 즉 우리를 바꿀 수 있는 사람, 사건, 환경이 모두 트리거가 될 수 있다는 의미다. 나는 무엇보다 글을 쓰는 것은 우리의 생각과 행동을 바꾸며 삶을 다시 세우는 강력한 리셋 버튼, 트리거가 된다고 믿는다.

내 삶이 잘못되었다는 우울감과 회의감. 그러나 삶을 바꿀 수 있는 힘은 내 안에 있다. 나는 지난 몇 년간의 치열한 글쓰기를 통해 분명한 삶의 리셋은 나 자신을 이해하고 배우는 것에서 시작됨을 알았다. 삶을 다시 시작하는 이 대공사는 나를 모르고는 전혀 불가능하기 때문이다. 생각해보자. 나를 알지도 못하면서 어떻게 뭘 변화시키며 어떻게 새로운 인생을 다시 시작할 수 있는가 말이다.

분명 나를 아는 것부터 시작해야 한다. 글을 쓰며 나라는 사람의 삶을 들여다보아야 한다. 선명히 드러나는 나라는 사람과 마주하며 삶의 어느 부분이 어디서부터 어떤 문제가 있었는지를 알아내야 하는 것이다.

"나는 인생을 열심히 살았는데 왜 이러나!"
"늘 최선을 다해서 살았지만 왜 이리 똑같은지 모르겠다!"

그렇다면 글을 써야 하는 때이며 글을 쓰라는 신호이다. 진짜 인생을 다시 시작하고 싶다면 말이다. 뼛속까지 내려가서 치열하게 글을 써보자. 물론 처음은 힘들 것이다. 그러나 일단 시작해보자. 분명 인생을 다시 시작하는 시작점이 될 것이다.

정말 소중한 게 무엇인지, 어떻게 살아야 하는지를 치열하게 고민한다면, 당신이 진정으로 인생을 다시 시작하고 싶은 마음이 간절하다면, 글쓰기 앞으로 나아가자. 중요한 것은 어떤 삶을 살든지 삶은 고난과 문제투성이지만 삶의 리셋 포인트는 진정성 있게 그것을 시작하는 사람이라면 누구에게나 찾아온다는 사실이다.

한 가지 더, 잊지 말아야 할 사실이 있다. 삶의 리셋 포인트는 누구에게나 온다는 사실이다.

자, 지금 당신 앞에는 당신 인생을 다시 시작할 수 있는 트리거가 있다. 어쩔 텐가. 당신은 선택을 하여야 한다. 붙잡을 것인가. 그냥 보낼 것인가. 당신의 선택은 글쓰기 버튼을 누르는 것이다.

생각이 너무 많은 사람들

나도 생각이 많은 사람일까?

작년 가을, 유인경 기자의 『퇴근 길, 다시 태도를 생각하다』를 읽다가 '생각 많은 사람'에 대한 그녀의 생각을 읽게 되었다.

그녀가 가장 싫어하고 무서워하는 사람은 자신에게 욕을 하는 사람이 아닌 생각이 많은 사람이었다. 전날 즐겁게 이야기하고 헤어졌는데 다음 날 턱밑까지 다크 서클이 내려간 얼굴로 이렇게 말하는 사람.

"나 어제 한숨도 못 잤어. 밤새 곰곰 생각하고 또 생각해봤는데 어제 네가 한 그 말, 무슨 뜻이니? 왜 나한테 그런 말을 한 거니? 어제 무심코 들었는데 다시 생각해보니 네가 혹시 저번에 내가 한 말 때문에 빈정이 상해서 돌려서 한 말은 아닐까 싶더라. 대체 왜 그런 말을 했는지 네 생각이 궁금해. 솔직하게 말해줘."

나는 이 글을 읽으며 '이 정도면 생각 많은 사람이 무서울 수도 있겠다.' 싶었다. 사실 나도 무척이나 생각이 많은 사람이다. '혹시 내가 그런 사람이면 어쩌지?' 하는 생각을 한다.

그녀는 자신의 글을 보며 가슴이 콩알만 해질, 나 같은 생각 많은 사람들에게 생각에 대한 본질적인 이야기를 꺼냈다.

"생각이 깊은 것과 생각이 많은 것은 전혀 달라요. 물론 사람이나 사물의 이면도 파악해야 하지만 핵심을 파악하는 직관력, 무엇보다 생각의 깊이가 중요한 거 아닐까요?"

동의할 수밖에! 중요한 것은 생각의 많고 적음이 아닌, 생각의 깊이다. 생각의 힘은 많고 적음이 아닌, 깊이에 있는 것을 누구라도 모르지 않는다.

인간은 1분에 100단어를 말하거나 들을 수 있다고 한다. 반면 생각은 400단어를 할 수 있다고 한다. 그러니까 생각은 현실에서 말하거나 들은 것 외에도 300단어에 해당하는 것을 더 할 수 있다는 것이다. 그런데 이 300단어에는 자칫하면 쓸데없는 것이 섞여 들어가기 때문에 문제가 된다.

'나는 너무 가진 게 없잖아, 사람들은 나를 좋아하지 않아, 나는 쓸모없는 인간이야, 나는 개보다 못생겼어, 나는 별 볼일 없는 인간이야.'

그야말로 본질과 분명한 충돌을 일으키는 이런 식의 거짓말이 너무나 많이 껴 있다. 있는 그대로의 나를 본다는 것은 참으로 어려운 일이다. 생각으로만 알고 있는 나는 본질이 아닐 수 있다. 충분히 그럴 수 있다. 인간의 생각은 이러저러한 소망으로 덧칠되어 있기 때문이다. 나에게 이 사실은 충격이었다. 어렴풋이 알고는 있었지만 자칫하면 삶에 쓰레기가 될 수도 있다고 생각하니 두려웠다.

"나는 생각이 너무 많아!"

그러나 생각이 많음을 부정하기보다는 나의 생각이 어떻게 삶 가운데 드러날 수 있는지 분명한 생각을 읽어내는 방법을 찾아가는 것이 더 중요하지 않을까?

진짜 내 생각을 구별하자

분명 끝도 없이 넘쳐나는 생각은 정리해야 할 필요가 있으며 이것을 위해 우리 안에는 어떠한 장치, 힘이 있어야 한다. 그렇다면 생각은 어떻게 정리할 수 있으며 오롯한 나의 생각은 어떻게 구별할 수 있을까? 그것은 글을 쓰는 것이다. 글쓰기의 정체성은 진실함이며 그 진정성은 본질을 흔들어 정체성을 가리려드는 모든 것들과 한바탕 맞짱까지도 불사하기 때문이다.

이 일을 위해 글쓰기에는 나를 도와줄 상담 선생님, 사감 선생님, 변호사, 판사까지 살고 있지 않은가. 그러니 넘쳐나는 생각에 파묻혀 괴로워하지 말고 뼛속까지 들어가서 무엇이 진짜 나의 마음이고 생각인지 찾아내고 써야 한다. 떠도는 생각으로는 도무지 진짜 나의 생각을 알 수 없기 때문이다.

상담 선생님, 사감 선생님, 변호사, 판사에게 자체심의까지 받은 생각, 맞짱을 뜨고서라도 찾아낸 글로써 쓰인 진짜 나의 생각만이 오롯한 나인 것이다.

이쯤 되면, 당신도 당신에게 있는 그 많은 생각이 모두 당신 것은 아니며 분명 불순물이 껴 있는 것을 알 것이다. 그렇다면 지금부터는 아닌 생각을 버려야 한다. 당신의 정체성을 흔들고 당신의 본질에 생채기를 내는 오물이 잔뜩 묻은 쓰레기 같은 생각을 버려야 한다.

당신의 진짜 생각을 찾아야 하기 때문이다. 진짜 생각만이 당신 것이기 때문이다. 진짜 생각만이 진짜 당신으로 살아가게 하는 힘이 되기 때문이다. 그러니 진짜 당신의 생각을 찾아야 한다.

나 자신에 집중하며 쓰는 글뿐만 아니라, 내 주변의 것들을 사유하며 쓰는 글이나, 그 어떠한 글을 쓴다 해도 글쓰기는 나의 본질이나 정체성과 관련이 없는 것은 단, 1%도 허용하지 않는다. 글쓰기에는 엄마의 생각, 언니의 생각, 친구 누구의 생각이 아니라 오로지 나의 생각만이 존재

한다. 그것도 많고 많은 생각 중에 정제되고 또 정제된 오로지 진짜 나의 생각만이 글로 쓰인다는 것이다. 글을 쓴다는 것은 나라는 존재와 진정성 있는 대화를 하는 것이며, 나라는 존재가 하는 질문에 깊이 들어가 답을 내는 것이기에 그렇다.

다시 말하면 내가 쓴 글에는 내 것이 아닌 것들은 출입 불가이며 절대 쓰레기나 불필요한 생각들은 찾아볼 수 없다는 것이다. 글이 가지고 있는 성품이 반듯하고 올곧기 때문이다.

글쓰기는 경제적, 생산적이다

글쓰기가 우리에게 주는 또 하나의 선물은 경제적이면서도 생산적이라는 데에 있다. 글쓰기는 이유 없이 작심하고 뺑뺑이를 돌린다거나 생각에 과부하가 나게 하지 않는다. 글쓰기는 꼭 써야 할 것을 쓰게 하며 봐야 할 곳을 보게 하고, 가야 할 곳을 가게 하며 멈춰야 할 곳에서는 멈추게 하고 세밀하게 봐야 할 곳에서는 집중해서 쓰게 한다. 절대 필요 이상으로 쓸데없이 시간을 낭비하게 하거나 에너지를 낭비하게 하지 않는다. 쓸데없는 것을 생각나게 하거나 쓰게 하지도 않는다. 이러니 글쓰기에는 진짜 나의 생각만이 들어가지 않겠는가. 글쓰기의 성품 자체가 깔끔해서 잡다한 것을 좋아하지 않기 때문이다.

진짜 나의 생각이 궁금하지 않은가? 어렵지 않다. 앞에서도 계속 얘기했지만, 글을 쓰면 된다. 글을 쓰면 글쓰기가 분명한 진짜 생각을 찾아낼 것이다.

"이게 네 생각이야. 놀랐지? 네 생각을 좀 봐. 괜찮지 않니?"

이제 당신은 끝도 없이 넘쳐나는 생각을 멈추고 진짜 나의 생각을 찾아야 한다. 당신 인생이 쓰레기 같은, 부유물로 가득 찬 생각 가운데 질식해서야 되겠는가. 이제, 당신의 분명한 생각을 찾아보자. 어렵지 않다. 글을 쓰면 글쓰기가 당신의 진짜 생각을 찾아낼 것이다.

어느 날 글쓰기는 내 생각 가운데 있는 쓰레기 생각들, 미움, 연민, 아쉬움, 우울함, 패배감, 절망감들을 바라보며 물었다. "필요해? 네 인생에 필요해?", "버릴래, 갖고 있을래? 네가 이런 생각을 한다는 거. 네 인생이 아깝지 않아? 시간이 아깝지 않아?"

그렇다. 이 많은 것들을 끌어안고 험한 세상을 살아가려 했으니 나는 얼마나 힘들었을까. 이 많은 것들을 가지고 도대체 어떻게 살았을까. 이 많은 쓰레기 생각과 삶의 부유물들을 끌어안고 어떻게 숨을 쉬었을까. 어떻게 일터에 나갔으며 어떻게 일에 집중할 수 있었을까. 어떻게 사랑을 하며 어떻게 인간관계를 할 수 있었을까. 나라는 사람이 쓰레기와 부유물에 집중공격을 받고 있는데 어떻게 나를 드러내며 내 생각으로, 진짜 나로서 살 수 있었을까 말이다. 글쓰기는 삶의 부유물들을 다 걷어 내며 오물로 범벅된 잡다한 쓰레기 생각들을 모조리 처리하였다.

이제 당신에게도 글쓰기가 필요한 시간이 되었다. 이 시작은 어디로 가야 할지 삶의 방향을 모르고 헤매던 당신을 제대로 살게 하는 가장 핵심적이며 가치 있는 일이 될 것이다. 당신 생각을 글쓰기에 맡기고 생각 정리의 달인인 글쓰기의 힘을 믿어보자. 글쓰기가 진짜 나로 살게 하는 당신의 진짜 생각을 찾아 줄 것이다.

여전히 나는 생각 많은 나를 미워하거나 나무라지는 않겠지만, 나는 계속해서 진짜 내 생각을 찾아갈 것이다. 왜냐하면, 진짜 내 생각만이 나를 자유롭게 하며 진짜 나로 살아가게 하는 힘인 것을 알기 때문이다.

그러나 나는 균형감이 빠진 지나친 단순함은 경계한다. 생각이 많아도 이렇듯 실수가 있지만 지나치게 즉흥적이며 단순한 것 또한 많은 문제가 있음을 보았기 때문이다.

"필요해? 네 인생에 필요해?"
"버릴래, 갖고 있을래?"

내 귓가에 대고 이렇게까지 하는 글쓰기를 어떻게 외면하랴! 이런 글쓰기를 나는 인생 정리정돈의 달인이라 부르겠다. 사부님이라 불러드려야 할까?

나는 누구이고 어디로 가는가

글은 나를, 내 삶을 흔든다

"너는 누구니?"

사실, 이 질문은 어려서, 선생님으로부터 있어야 했던 것이 아니었을까? 나를 제대로 아는 것은 얼마나 중요한가. 나는 어쩌면 글쓰기의 "너는 누구니?"라는 질문에 조곤조곤, 때론 열정적으로 나에 대한 답변서를 쓰고 있었는지도 모른다.

깊은 오해가 있었던 게 사실이다.

"내가 그렇지 뭐."
"그게 난데 뭐."

그러나 나를 잘 알고 있다는 착각이 불러들인 불상사는 삶의 곳곳에 뼈아픈 후유증을 남겼다. 그러고 보니 살면서 부렸던 유일한 호기도 바로 이것이다.

"나는 나를 잘 알고 있어!"

나뿐만은 아닐 것이다. 그동안 우리는 스스로를 제대로 살펴본 적이 없다. 이유는 많았을 것이다. "바빠서요.", "방법을 몰라서요." 그 결과 우리는 나 자신을 모른다. 안다고 믿었던 내가, 내가 아는 나의 전부가 아닐 수 있다. 그러기에 우리는 모두 끊임없이 나 자신을 이해하기 위해 나에게 물어야 하고 나 자신을 알아내기 위해 내 안의 것들을 숨김없이 표현해야 한다. 이 과정은 우리를 새롭게 만들며 새로운 세상을 준비시킬 것이다.

글로써 나를 풀어놓으면, 글은 나를 흔든다. 우리의 삶을 흔든다. 그러나 그 흔들림은 내가 누구인지, 어디로 가고 있는지를 알게 한다.

대부분의 사람들은 공부가 자신의 성장을 위해, 더 나아가 성공의 길이며 안정된 미래를 보장한다고 믿는다. 그래서 죽어라고 공부한다. 내 인생을 위해 최선을 다하려는 마음일 것이다. 충분히 이해한다.
그러나 내 인생의 진짜 성공, 안정된 미래의 보장은 나를 분석하고 배우는 글쓰기로부터 시작된다. 글을 쓰면 어디서도 배울 수 없는 나에 대한 공부가 시작되기 때문이다.

"어머, 이게 나야?"
"더 있었네! 나를 잘 모르고 있었잖아!"

깜짝 놀라 이런 소리를 하면서 말이다. 우리에게는 일찍부터 '나는 누구인가.'에 대한 공부가 있어야 했다. 나를 배웠어야 했다는 소리다.

그렇다면 지금 우리에게 나 자신에 대해 배우는 글쓰기보다 중요한 것이 있을까? 정신과 의사인 스콧 펙 박사는 『아직도 가야 할 길』에서 일주일간 자신이 무슨 일을 하면서 보냈는지, 자기 자신에게 주어진 시간에 무엇을 하는지 자신을 기록하고 면밀히 살펴보면 분석할 수 있다고 한다. 자신에 대해 글을 쓰는 일은 나 자신을 더 냉정히, 객관적으로 바라볼 수 있는 기회가 된다는 것이다.

글쓰기는 나에 대한 예의다

나에게는 지난 몇 년간 특별한 시간이 주어졌고 치열하게 글을 썼다. 특이한 것은 이 글을 쓴다는 것이, 나 자신과 세상 어디에도 없는 소중한 내 인생에게 마음을 다하는 예의라는 생각이었다.

"그러게, 글을 쓰면서 내가 달리 보여. 참 놀랍고 신기한 특별한 일을 하고 있다는 생각이 들어. 어쩌면 이거야말로 내 인생의 예의라는, 그런 생각까지도 든다."

요즘 어떻게 지내느냐는 후배와의 통화에서 나도 예상치 못했던 글쓰기에 대한 이야기를 계속해서 꺼내고 있었다. 나는 글을 쓰면서, 모든 인생에게 그야말로 가장 의미 있는 것은 글을 쓰는 것임을 알았다. 글쓰기는 내 인생에 없어서는 안 될 중요한 것, 나를 짊어지고 가는 소중한 내 인생에게 단단히 마음을 차리는 것이었다.

예의는 사람이 지켜야 하는 예절과 의리이며 이는 모든 관계를 건강하고 아름답게 하는 속성이 있다. 그러기에 우리는 살면서 좋은 관계를 위해 예의를 차려야 한다. 사회에서도, 부모와 자식 간에도 지켜야 하는 예의가 있는 법이다. 부부간에도 마찬가지 아닌가. 아무리 막역한 친구 사이에도 지켜야 하는 예의는 있는 법이다. 이처럼 우리의 삶은 지켜야 하는 예의로 가득하다. 예의는 우리의 삶을 반듯하게 한다. 예의를 차리지 않으면 어떠한 인간관계도 틀어지고 어려움을 겪게 된다. 그런데 내 인생에게는 어떻게 대했는지 한번 생각해보자.

"내가 누구인지 몰라요. 그냥 알아서 살아주세요!"

아무런 정보 없이 무심한 듯 시큰둥하게 그저 살아달라고 한다면 인생의 답변은 뻔하다.

"내가 널 어떻게 안다고! 나 보러 뭘 어쩌라고!"

인생은 앞이 캄캄하고 막막할 것이다. 어쩌면 아무런 정보도 알려주지 않은 나란 사람이 미워 죽겠어서 잘 살아내려는 의욕마저 상실할지도 모른다. 관심과 열정도 사라질 것이다. 나를 잘 모르겠다는 나란 사람에게 인생이 애정을 가질 수 있을까? 천만에 말씀! 인생은 늘 불안감과 막막함에 떨 것이다.

"어쩌지? 뭘 어떡해야 하지?"

매일 허둥댈 게 뻔하다. 이것은 인생에게 예의가 아니다. 인생을 막 대하는 것이다.

내가 나를 모르는데 인생이 어떻게 나란 사람의 시간을 살아냈겠는가. 뭘 할 수 있었겠는가 말이다. 어쩌면 모르고 이 정도 살았으니 천만다행이라 생각할 수도 있겠지만, 삶의 흔적은 나를 제대로 알지 못해서 겪은 좌충우돌, 안타까운 사고들로 넘쳐났다. 나를 제대로 알았더라면 나는 그렇게 아파하지 않았을 것이다. 더 당당했으며 더 자유로웠을 것이다.

튼튼한 나무는 가지가 사방으로 무성히 뻗어 있는 것만큼 땅 속 깊이 뿌리도 그만큼 뻗어 있다. 중요한 것은 어떠한 경우에도 뿌리가 튼튼한 나무는 버틴다는 것이다. 지금 우리에게 중요한 것은 뿌리를 알기 위해서는 땅을 파고 들어가는 것. 치열하게 나라는 사람의 뿌리를 알기 위해서 노력하는 것이다. 나라는 사람에 대한 본질적인 답을 찾을 수 있기 때문이다. 뿌리를 아는 것이 진짜 나를 아는 것이며 진짜 나를 알면 쉽게 흔들리거나 쓰러지지 않기 때문이다.

나 자신과 직면하겠다는 의지

지금 우리에게는 나 자신과 직면하겠다는 의지가 무엇보다 중요하다. 그 누구라도 자기 자신을 알아야 주어진 인생을 제대로 살아낼 수 있다. 나 자신과 직면하지 않고 그냥 사는 것은 나 자신을 안타깝게도 하고 위험에 빠트리게도 한다. 나 자신의 빛나는 가치를 잘 몰라서 괜히 움츠러들 수도 있고, 나 자신을 모르면서 계속해서 지식을 쌓으려고 해 다른 사람과 살아가기에 피곤한 인간을 만들 수도 있기 때문이다.

지금 당신 인생은 어떤가? 혹시라도 끝을 알 수 없는 혼란 속에 있는가. 그렇다면 당신은 이제껏 당신의 인생에게 막 대한 것을 사과하고 글쓰기를 시작해야 한다. 혼란 속에 있는 당신 인생을 도와줄 수 있는 유일한 것은 글쓰기밖에 없기 때문이다. 그러니 인생 정리의 왕, 혼란의 해결사 글쓰기 앞으로 나오라. 글쓰기는 당신 인생을 적극적, 능동적으로 살필 것이다. 세심하고 살뜰하게 살필 것이다. 곧이어 정 많고 예의 바른 글쓰기는 이렇게 속삭일 것이다. "내가 당신을 도와줄 테니 아무 염려 말아요. 당신 인생은 지금부터 시작이에요!"

아고타 크리스토프의 소설 『존재의 세 가지 거짓말』에 나오는 서점 주인 빅토르. 그는 늘 글을 쓰고 싶어하였다.

"나는 이제 깨달았네. 루카스. 모든 인간은 한 권의 책을 쓰기 위해 이 세상에 태어났다는 걸. 그 외에는 아무것도 없다는 걸. 독창적인 책이건, 보잘것없는 책이건, 그게 무슨 상관있겠어. 하지만 아무것도 쓰지 않는 사람은 영원히 잊혀질 걸세. 그런 사람은 이 세상을 흔적도 없이 스쳐 지나갈 뿐이네."

서점 주인 빅토르가 책을 쓰기 위해 떠나면서 주인공 루카스에게 말하는 장면이다.

사실 모든 사람이 세상에 자신의 존재를 남길 수 있도록 일생의 책을 쓰고 싶어 하는 빅토르가 될 필요는 없다. 쓰지 않으면 영원히 잊힌다는 말에 불안해하거나 어떤 형태로든 내 흔적을 기록해야 할 것 같은 강박 관념을 가질 이유도 없다. 모두가 빅토르가 될 필요는 없지 않은가.

그러나 쓰면 내가 누구인지, 이 세상을 어떻게 살아 내고 있는지, 어떠한 흔적을 남기고 있는지를 안다. 쓰면, 결국 나는 어떤 존재인지를 깨닫게 된다.

앞으로의 세계는 더욱 치열해질 것이다. 인종, 종교 간의 대결이 아닌 기계와의 대결까지도 시작되고 있지 않은가. 이런 현실에서 나 자신을 모르고 산다는 것은 두렵고 떨리는 일이다. 나를 도울 수 있는 유일한 것은 글쓰기다. 나를 안다는 그 힘은 어떠한 상황에서도 나 자신을 지키고 돕기 때문이다.

치열한 글쓰기는 누구의 삶이 아닌, 내 삶을 살게 했다. 내가 누구인지, 어떤 삶을 원하는지 확실해졌다는 것이다. 글쓰기는 휘둘리지 않고 온전한 나로 살아가기 위한 시작점부터 앞으로의 인생 여정에 최선을 다할 것이다.

나는 분명 글쓰기의 "너는 누구니?"라는 질문에 답을 쓰고 있었던 게 분명하다. 이제는 당신이 대답할 시간이 되었다. "너는 누구니?"

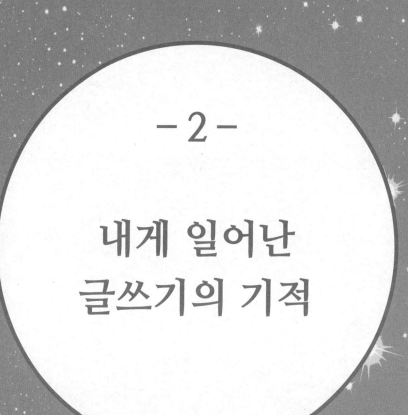

- 2 -

내게 일어난
글쓰기의 기적

나는 글쓰기로 인생이 바뀌었다

지난 몇 년, 정지된 시간

"새댁이라 그러는구먼. 일루와 앉어."
"저는 괜찮아요. 서있는 것을 더 좋아해요."

지난 여름, 지하철 경로석에서 만난 할머니와의 대화이다. 우리는 둘 다 틀렸다. 나는 새댁이 아니고 서서 가는 것을 좋아하지 않는다. 새댁이라고? 내가? 서서가는 것을 좋아한다고? 내가? 그럴리가! 내 상황을 알리 없는 할머니의 후한 점수는 나를 기분 좋게 하였지만 난 얼굴색 하나 변하지 않고 거짓말을 했다. 정확한 답변은 이렇다.

"저는 앉지 못하는 환자입니다."

나에게 지난 몇 년간의 시간은 서서의 시간이었다. 책도 서서, 노트북도 서서, 심지어 밥도 서서 먹어야 했다. 시베리아 어느 황량한 벌판 같은 지하철에서도 나는 그냥 서 있어야 했고 조카 집들이를 가서도 혼자 서서 전복 밥을 먹어야 했다.

나는 전혀 앉지를 못하는 환자였다. 처음 들어보는가? 사랑했던 일을 그만두고 몇 달 뒤부터 앉지 못하는 괴상한 상황이 시작되었다. 나는 도무지 이 상황을 이해할 수가 없었지만, 의사들도 모르는 건 마찬가지였다. 모두 다른 병명을 이야기하며 우왕좌왕하는 통에 나는 지독한 통증 환자가 되어가고 있었다. (글을 쓰는 지금은 90% 이상 회복이 되었다.)

그야말로 나의 의지와는 상관없이 '정지!'되어야만 하는 시간. 지금은 먹먹한 마음에 눈꺼풀을 깜빡거리며 눈물을 쓸어내리고 있지만. 그때의 나는 눈물의 바깥 외출을 절대 허용하지 않았다. 만약 한 번이라도 눈물을 흘리며 엉엉 소리내어 울었다면 나는 나도 어쩌지 못하는, 대혼란의 대참사가 일어났을지도 모를 그런 시간이었다.

늘 글쓰기가 함께 있었다

그러나 그 아뜩하고 아찔한 시간, 너덜너덜 만신창이 내 곁엔 글쓰기가 있었다. 나는 치열하게 글을 썼다. 새벽 1시~2시쯤부터 잠자리에 들기 전까지 글을 쓴 것이다. 책을 읽고 또 읽고, 쓰고 또 쓰고를 반복하였다. 사실, 할 수 있는 것이 이것밖에는 없어서였다. 최대치의 통증약도 소용없었다. 무언가에 정신이 팔리지 않으면 견딜 수 없는 그런 시간이었다. 도대체 왜 이리 써댔을까. 나 아직 괜찮아! 괜찮다고! 나 아직 살아 있다고! 이러면서 말이다. 이 허망한 것을 기록이라도 해야 덜 억울하단 생각이었을지도 모른다. 살아있는 것을 이렇게라도 확인하려 들었던 것일지도 모른다.

어디선가 스치는 바람 소리 같은, 한 번도 들어보지 못했던 소리가 어깨를 톡 건드리더니 바싹 말라버린 내 영혼에 보란 듯이 밀려 들어왔다.

"너는 괜찮아. 너는 얼마나 특별한 아인데."

글쓰기였다. 나를 다독이며 쓰다듬는 숨결이 있었다.

"너는 살아 있어. 너는 분명 살아 있어. 괜찮아. 괜찮아."

나에게 글쓰기는 이렇게 찾아왔다.

나는 회색 빛 하늘을 잔뜩 이고 있는, 세상이라는 저 끝에 대롱대롱 매달려 있었고 사람들이 마음대로 짓밟고 다니는 바닥에 바짝 엎드려 있었지만 글쓰기는 나를 안전하고 더 높은 곳으로, 더 넓은 곳으로 데리고 다녔다. 볼장 다 본 내 의지와는 상관이 없었다.

글쓰기와 함께 둘러본 그곳에는 회복이 있었고 치유가 있었으며 반짝이는 가치가 있었다. '반짝거렸어! 반짝거렸어! 분명 반짝거렸어! 아, 놀라워라!' 나는 정말이지 깜짝 놀랐다. 글쓰기는 내가 알지 못했으며 보지 못했으며 전혀 듣지 못했던 새로운 세상으로 계속해서, 계속해서 나를 데리고 다녔다. 따라다니느라 다리가 아프고 피곤하였지만, 왠지 정신만큼은 맑고 또렷했다.

"글쓰기, 너의 정체는 뭐야!"

"네가 어떤 사람인지 잘 보라구. 자, 봐. 자, 보라구. 네가 얼마나 열심히 살았는지 잘 보라구. 네가 얼마나 가치 있는 사람인지 잘 보라구. 자, 똑똑히 보라고. 너는 이런 사람이잖아. 너 정말 열심히 잘 살았잖아. 아픔, 상처, 고통, 절망 그딴 거에 맘 쓰지마. 절망감? 좌절감? 이딴 건 그만 집어 치워버려. 트라우마라고? 그딴 건 나가서 엿이나 바꿔먹어라!"

글쓰기는 내게 필요한 곳이라면 어디든지 가서 보게 하였고 듣게 하였으며 찾게 하였다. 중요한 곳에서는 한참을 머물러 있게까지 하였다. 글쓰기는 계속해서 나를 인도하였고 지켜주었으며 살뜰하게 챙겨주었다.

그렇게 글을 쓰면서, 혼자라는 생각이, 외롭다는 생각이, 억울하단 생각이, '왜 나만'이라는 생각이, '이렇게 어떻게 사냐.'라는 생각이, '내 인생은 도대체 왜 이러는 거야.'라는 생각이, '죽어도 괜찮은데, 정말 괜찮은데.'라는 생각이 슬며시 자신을 감췄다.

나를 살린 글쓰기의 기적

글쓰기와의 특별하고 아름다운 동행으로 마음 속 근육은 점차 단단해
졌다. 어디서부터 왔는지 모를 즐거움과 기쁨과 희열에 고통과 아픔과
절망이 자리를 내주기 시작하였다. 나는 단단해지기 시작하였다. 강해지
기 시작한 것이다. 내가 만난 글쓰기에는 어디서도 볼 수 없는 특별한 힘
이 있었다. 통증으로 아뜩한 내 의식 어디서도 이제껏 만나본 적 없는 즐
거움에 몰두하는 힘을, 상처로 얼룩진 곳엔 연고를 발라주며 회복시키는
놀라운 힘을, 너덜너덜해진 자존감엔 독수리 날개에나 있을 법한 날개를
달아주는 힘이 있었다. 부유물로 가득했던 일상이 조금씩, 아주 조금씩
말끔해지기 시작하였다. 무언가 정리가 되어가고 있는 것이 느껴졌다.
그렇다. 모든 것은 글쓰기의 계획적인 접근이었다. 글쓰기는 나에게 가
장 중요한 것이 무엇인지를 알려주어야 했던 것이다. 또 다시 글쓰기의
소리가 들렸다.

"네게 가장 중요한 것이 무언지 찾아봐. 지금 당장 네게 필요한 것이
무언지 찾아봐. 찾을 수 있어. 꼭 찾아야 해!"

새벽 동이 트기 전부터 온 동네에 어두움이 내려앉은 그 깊은 시간까
지 치열하게 글을 쓰면서 나는, 비로소 내가 누군지를 알았다. 내 자신이
어떻게 구성되어 있는지를 알았다. 본질이 무언지를 알았다. 정체성이

무엇인지를 알았다.

'아, 그래 맞아! 이게 바로 나야! 이게 바로 나였어!'

내가 찾은 나는, 볼 장 다 본, 썩어 빠진, 넋 놓은 의지의 내가 아니라 반듯하고 꼿꼿한 나였다.

이것이 나를 살린 글쓰기의 힘이다. 글쓰기가 나에게 그토록 하고 싶었던 것은 너를 알아야 해. 네가 얼마나 가치 있는지, 네가 얼마나 특별한지, 네가 얼마나 존귀한 존재인지를 알려주려 했던 것이다. 나는 글쓰기의 힘을 믿는다. 치열한 글쓰기가 내게 자신의 힘을 확증하였기 때문이다. 경험으로 아는 것이다. 이렇게 글쓰기는 계획적으로 치밀하게, 구체적이며 설득력 있게 내게 다가왔으며, 그 힘은 특별하고 놀랍고 신기하고 아름답기까지 했다.

이 이야기가 오로지 나만의 이야기인가? 우리는 알고 있다. 가속도가 붙은 세상, 치열한 경쟁 속에서 변화와 불안이 우리 삶 가운데서 어떤 맹활약을 펼칠지 누구도 알 수 없다는 것을. 내가 믿었고 내가 사랑했던 모든 것이 별안간 "이제는 안녕, 상황이 바뀌었잖아. 내가 상황이 안 좋아서, 빠이빠이!"라며 이별을 고할 수도 있다는 것을. 이 변화무쌍한 세상에서 어떤 상황이 내게 어떻게 다가올지 우리는 그 누구도 알 수가 없다. 어쩌면, 지금 내가 알고 있는 삶의 방식, 지금 내가 누리고 있던 모든 것들이 "아, 여기가 아니었네요."라든가 "아, 애석하게도 세상이 바뀌었군요." 하고 떠날 수도 있는 세상이다.

아무리 정신을 바짝 차려도 도무지 손에 잡히지 않는 이 시대를 쫓아가며 숨이 턱 끝에 매달린다. 나만 그런가? 세상은 너무 빠르고 정치, 경제, 사회, 문화, 모든 것도 덩달아 뛰고 또 뛴다. 변하고 또 변한다. 오늘의 정답이 내일의 오답이요, 오늘의 오답이 내일이면 정답이란다.

물질이 있으면 될까, 사랑이 있으면 되겠지, 난 자식이 있으니 노후는 괜찮겠지, 난 건강하니까. 아, 나에겐 신앙이 있으니 안전할 거야. 정말 그럴까? 아니다. 나는 알고 있다. 우리 인생이 언제라도 예고 없이, 나의 의지와는 전혀 상관없이 정!지! 될 수 있다는 것을. 내가 그랬으니까.

본질과 비본질 힘겨루기를 하는 세상. 어디에도 경쟁이 아닌 것은 없고 어디에도 마음을 놓을 수가 없는 시대. 내가 모든 것을 정리하며 이길 수 있었던 것은 오로지 글쓰기의 힘이었다. 글쓰기가 사람을 살린다고? 그래서 글을 써야 한다고? 그렇다. 그래서 써야 한다. 다른 사람이 쓴 글에도 힘이 있지만 내가 쓴 글, 특히 내가 나를 향하여 쓴 글, 내가 '나란 사람'에 대해 쓴 글은 더욱 그렇다. 그래서 써야 한다.

자, 이제는 글을 쓰자. 점점 빨라지는 세상, 치열한 경쟁 사회 속에서 우리가 유일하게 붙잡아야 하는 것은 글을 쓰는 것이며 지금, 우리에게는 글쓰기의 힘이 필요하기 때문이다.

글을 써라. 꼭 써라. 그리고 그 힘을 믿어라. 글쓰기의 힘이 당신을 어떻게 인도하며 어떻게 살릴지 그냥 지혜롭고 총명한 글쓰기에 맡겨라. 그리고 기대해라. 당신이 쓴 글은 분명 당신 인생에서 특별하고도 놀라운 힘을 발휘할 것이다.

나 자신을 살리는 것이 구원이고, 건지는 것이 구원이고, 구하는 것이 구원이라면 이것을 할 수 있는 것은 오직 글쓰기의 힘이다.

인생의 위기에서 용기를 찾았다

어느 날 글쓰기가 말했다

여러 가지 상황들도 그랬고 서점에서 만난 몇 권의 책들도 분명한 소리로 말했다.

"저 밑바닥까지 쓸려 내려간 너의 이야기를 시작해봐. 말이 안 되는, 도저히 이해할 수 없는 이야기를 글로 써봐. 어떻게 이게 이해가 되니? 너는 뭘 얼마나 무슨 잘못을 어떻게 했길래 창살 없는 감옥 같은 집에서 이러고 있니? 너 도대체 뭐 하고 있는 거니? 정말 네가 생각하는 것처럼 죽어도 괜찮아? 살고 죽는다는 것에 어떤 권리도 하지 않겠다는 거잖아, 지금. 죽을 용기는 없으면서."

그때의 나는 너무 심하게 바닥이었고 더는 내려갈 곳도 숨을 곳도 없었다. 내 손과 혀가 굳는 듯하고 내 몸에 피가 식는 듯한, 몸에서 피가 다

빠져나간 듯한 푸석푸석한 살가죽만이 사람의 형체 같은 것이 거실을 매일 배회하고 있었다. 어느 날 글쓰기는 말했다.

"나는 너를 알고 있어. 목구멍을 치고 올라오는 너의 분노가 무엇인지 알고 있어. 네가 고통스러워하는 그것이 무엇인지도 알고 있어. 네가 근처에도 가지 못하고 서성거리고 있는 그것이 무엇인지 나는 알고 있어. 너의 절박함이 무엇인지를 알고 있단 말이야."
"그래, 네 안에 있는 그 분노를 써, 네 안에서 너를 옴짝달싹도 못 하게 하는 그 아픔과 고통과 절망감을 써봐. 너의 그 절박함을 쓰라고, 쓰란 말이야."

글쓰기는 나의 절박함을 알고 있었다. 목구멍을 치고 올라오는 분노를 글쓰기는 알고 있었다.
무언가를 안 하면 안 될 것 같은, 꼭 해야만 되는 일이 있는 사람 마냥 서둘러 시작한 글쓰기 여행. 설렘도 없고 막연한 어떤 기대도 없이 그냥 쓰기 시작한 내 이야기. 마음은 이랬지만 상황만큼은 분명 무언가를 써야 함을 알려주었다.

인생의 방향이 달라지는 포인트에서

우리는 인생에서 앞으로의 삶의 방향을 틀게 하는 어떤 사건이나 사람과 분명 맞닥뜨리게 된다.

　변곡점을 아는가? 어떤 현상이 새로운 변화를 가져올 때 사용하는 용어. 즉, 곡선이 바닥에서 더 이상 내려가지 않고 올라가기 시작하는 점이나 곡선이 정상에 올라 더 이상 올라가지 않고 아래로 내려가기 시작하는 점을 변곡점이라 한다.

　사랑하는 일을 그만두고 통증 환자가 되어 지긋지긋한 싸움을 할 때 맞이한 아버지의 죽음은 나를 이곳 변곡점에 서게 했다. 많이 아끼고 사랑한 만큼 상실감과 충격은 컸으리라. 대학병원 응급실, 중환자실, 요양병원 등 여러 곳에서 맞닥뜨린 사람의 마지막까지. 내 몸의 어딘가가 해체되어 찢겨나갈 듯한 극심한 불안감은 괴물이 되어버린 통증과 함께 내 영혼을 끝도 없이 갉아먹었다.

　도대체 지금 이 상황이 무엇인지 도무지 알 길이 없었고 내 인생에서 이 시간은 무얼 말하고 있는지, 무언가 말을 하고 있다면, 제발 내 인생에서 그 무언가를 빨리 말하고 꺼져주어야 하는데, 왜 이 답답하고 숨 막히게 무서운 시간은 내 인생에서 사라지지 않는 건지, 왜 아직까지도 버티고 물러나지 않는 건지……. 어떠한 답이라도 찾아야 했을까? 어딘가에 있을 듯한 답을 찾기 위해 나는 매일매일, 하루 종일 쓰고 또 썼다.

　전혀 의도하진 않았지만, 나에게는 특별한 시간이 주어졌고 보따리를 싸고 글쓰기 여행을 시작했다. 아무런 준비도 없는 상태에서 시작한, 아무 계획도 없는, 어디를 가보겠다는 목적지도 없는 막연한 글쓰기 여행. 간절하고도 절박한 심정 하나만을 배낭에 넣고 떠난 이 여행에서 나는 어디를 갔으며 누구를 만났으며 무엇을 보고 무엇을 느꼈을까?

가장 먼저 도착한 곳은 과거의 나였다. 그곳에서 만난 어린 시절의 나! 정말이지 깜짝 놀랐다. 어린 시절의 나를 만나겠다? 과거로부터의 모든 나의 삶을 둘러보겠다? 아니었다. 울고 있는 어린 시절의 나에게 말을 걸고 사과하며 꼭 껴안아주었다.

어린 나와의 만남이라니! 결코, 의도하거나 계획한 것은 아니었지만 나에게 무슨 특별한 일이 벌어지고 있음을 직감할 수 있었다. 이것은 살면서 한 번도 느껴보지 못한 새롭고 신선하고 신비롭기까지 한 일이었다. 분명 무언가를 시작해야 하는 시점인 것을 알 수 있었다.

글쓰기와 함께 둘러본 모든 곳은 나란 사람의 지나온 시간, 즉 과거로부터 지금까지 쭉 정직하리만큼 정확하게 연결된 나의 모든 시간이었다. 글쓰기는 상상도 할 수 없는 곳으로 나를 끌고 다니며 나란 사람을 이해시켰고 내 안에 있는 것들을 토해내게 하였다. 글쓰기의 의도는 이것이었다.

"너는 이런 사람이야. 네 안에 얼마나 많은 보물이 있다고, 그걸 안다면 이러고 있을 수는 없지."

그렇다. 글쓰기는 나란 사람을 알게 하려고 그 모든 것들을 쓰게 한 것이다. 소설가 김영하는 "글이 가진 놀라운 힘은 과거의 경험과 기억을 대면할 수 있는 것이며 글을 쓴다는 것은 과거라는 어두운 지하실의 문을 활짝 열어제끼는 것"(〈세바시〉, CBS)이라고 하였다. 글쓰기는 한 인간을 억압하는 정신적, 육체적, 물리적인 모든 억압으로부터 해방시키며, 글은 과거의 기억과 경험을 단 몇 문장만으로도 대면할 수 있는 놀라운 힘을 가졌다는 것이다.

그런데 이런 행위가 꼭 필요한가? 그는 글을 써나가는 동안 우리에게 변화가 생기고 축적된다고 말했다. 제아무리 복잡한 심경이라도 언어의 논리적인 과정이 우리를 강하게 하며, 숨겨져 있는 어두운 감정과 트라우마를 언어화해서 쓰는 동안 우리가 그 감정 위에 딛고 올라선다는 것이다. 논리화된 과정에서 내려다 보게 된다는 것이다. 이 과정에서 우리가 강해지고 막연한 공포가 힘을 잃게 된다고 하였다. 이것이 글쓰기가 가진 자기 해방의 힘이라고 하였다.

나는 글을 쓰면서 알 수 있었다. 객관적이고 진정성 있게 과거의 나와 마주하며 관찰하고 나를 풀어내는 일은 그 안에 있는 상처와 직면하겠다는 결심이며 이 변화의 시작은 우리를 진정한 자유로 이끈다는 것을.

엄혹한 시간. 나는 이제껏 살아오면서 느끼고 사유한 것들을 한 글자

한 글자 진심으로 글로 풀어냈다. 그야말로 치열하게! 누구에게도 풀어 놓지 못했던 억울함과 분노, 아픔과 고통, 상실감과 절망감들을 쓰기 시작했다. 내 안의 복잡한 심경을 글로 쓰기 시작한 것이다. 타인의 시선이 없었기에 자기 검열을 할 필요도 없었다. 글쓰기에 내 안에 맺힌 마음을 풀어 헤쳐놓았다. 이렇게 매일 글을 써 나가면서 이상하리만큼 편안해지면서 안정이 되었다. 불쑥 목구멍을 치고 올라오던 아픔과 분노, 모멸감과 자괴감이 어디론가 사라졌다. 글을 쓰기 전에는 상상할 수도 없는 일이었다. 글이 나를 위로하고 있었다.

언제까지 무엇을 써야겠다는 어떠한 계획도 없이 시작한 여행. 나를 찾기 전까지는 돌아오지 않겠다는 조건을 내건 여행도 아니었다. 그냥 무언가를 써야겠어서, 안 쓰면 안 될 것 같은 절박함에서 시작한 여행이었다. 그리고 이 여행이 나라는 사람이 지나온 시간들을 둘러보며 글로 써 나를 찾아 떠나는 여행이 되었음을 나는 나중에야 알았다.

내 인생은 왜 이럴까? 왜 또 정지해서 이렇게 서 있는 것일까? 안타깝고 갑갑하고 절박하다면, 답답해 미치겠다면 당신은 글을 써야 한다. 지금부터 삶을 되돌아보며 글을 쓴다면 답을 찾을 수 있다. 자기 삶이 무언가를 해야 하는 선택의 근간을 알 수 있다. 분명 글에는 당신이 생각하는 것 이상의 위대한 힘이 있기 때문이다.

글을 써라. 꼭 써라. 글쓰기의 제안을 절대 거절하지 마라.

"가이드는 내가 할 테니 여행을 떠나자. 나는 너의 고민을 알고 있어. 너의 형편을 알고 있어."

자, 이제 글쓰기 여행을 떠나자. 인정 많고 현명한 데다 분석적이며 체계적이기까지 한 글쓰기가 최고의 가이드가 되어 당신을 인도할 것이다. 그 다음은 그냥 글쓰기에 맡겨라. 단, 절박함 하나만은 챙겨라.

자아를 찾고 삶을 고민했다

삶에 의미를 부여하는 것

나는 어려서부터 생각이 많은 아이였다. 나는 늘 나와 주변의 사물에 대해 의미를 부여했으며 주변 세계에 대한 접근 또한 진지했다. 그러나 어떤 상황에서도 나만의 기준을 놓치려 하지 않았는데, 존재감을 가지려고 하고, 나만의 균형감과 객관적이려고 하는 이 기준은 아마도 독서로부터 비롯된 게 아닐까 생각한다.

그래서인지 신문에 짤막하게 나오는 어떤 사건의 시작과 결말에 대해서도 '뭔가 더 있을 텐데…….'라며 더 깊고 본질적인 이야기를 궁금해했다.

"이 사건을 풀어내기 위해서는 더 깊은 이야기를 알아야 하는 것이 아닌가? 왜 그랬는지, 왜 그렇게 밖에 할 수 없었는지, 안 그래? 그래야 정확한 답을 알 수 있잖아."

이렇듯 이성적이며 합리적인 것을 추구하는 기질은 어떤 문제에 대해서도 저 끝 본질로 들어가 적확한 답을 찾으려는 나를 물심양면으로 도왔다.

생각해보면 이런 기질과 가치관은 삶의 이곳저곳에서도 나타났다. 학생들의 음악을 지도할 때에도 "어떤 한 음도 그냥 흘려 보내지마. 그냥 대충 지나칠 수 있는 음은 이 악보에 하나도 없어."라는 말을 했고, 지휘를 할 때에도 마찬가지였다. "여러분, 이곳에 심심해서 놀러 온 음표는 없어요. 모든 소리에 의미를 부여해야 해요."

의미를 찾아 존재감을 부여하는 것은 펄떡이는 심장을, 생명을 부여하는 것이다. 의미를 찾는 것이 중요한 것은 그 어떠한 것도 소생시키는 기적의 힘이 그 속에 있기 때문이다.

삶은 어떤가. 삶에는 참으로 많은 이야기가 있지만, 삶의 사건 중에는 연민이라곤 찾아볼 수 없는, 도저히 받아들이기 어려우며 도저히 위로가 안 되는 고통의 시간도 있다.

내게 있었던 통증으로 까무러칠 뻔했던 지난 몇 년간의 시간이 바로 그것이다. 나는 끝을 알 수 없는 긴 터널을 지나고 있었다. 살기 위한 몸부림이었을까? 나는 그야말로 치열하게 글을 썼다. 최근에야 알았다. 치열하게 글을 쓴 이 사건이 삶의 의미를 찾는 유일한 방법이었음을.

어느 날 글쓰기는 말했다.

"너 살아 있다고, 똑똑히 봐. 보이지? 똑똑히 보이지?"

나는 글을 쓰며 비로소 깨달았다. '아, 내가 살아 있구나! 존재하고 있구나!' 나는 아무리 할큄을 당하여 몸의 이곳저곳에 덕지덕지 파스를 냅다 붙였을지라도 여전히 살아 있는 나를 글 속에서 만났을 때의 그 안도감이란, 글 속에서의 나는 진정 살아 있는 존재의 모습이고 진정성 있는 삶의 결을 지닌 그런 사람이었다.

『죽음의 수용소』를 쓴 빅터 프랭클. 그는, 누리고 있던 모든 것을 잃었다. 사랑하는 가족, 직업, 재산, 학문, 인간의 존엄성 등. 그러나 그에게서 그 누구도 그 무엇으로도 앗아 갈 수 없었던 것은, 어떤 삶으로 나아갈까. 즉 삶을 어떻게 생각할지의 자유였다. 이 자유는 절대 절망의 시간, 그의 삶을 의미 있고 목적 있는 것으로 만들었다. 빅터 프랭클은 이렇게 말한다.

"우리의 인생 가운데는 우리 스스로 어떠한 상황도 바꿀 수 없는 절망의 때가 있어요. 그 어떠한 최악의 상황이라 해도 우리는 끊임없이 삶의 의미에 대해서 생각하고 그것을 찾으려 노력해야 합니다. 어떤 삶의 길로 나갈까, 이것을 결정하는 것은 상황이나 환경이 아니라 바로 나 자신이기 때문입니다. 삶에게 '왜 살아야 하지.'라고 질문하기보다 내가 왜 살아야 하는지 내 삶에게 '답을 해주는 것'은 어떨까요? 이런 당신에게 삶은 올바른 행동과 태도를 구체적으로 찾을 수 있도록 최고의 방법으로 인도할 것입니다."

아무리 힘을 내도 또 다시 좌절하고 절망하고 내 의지와는 상관없이 포기해야 하는 일을 맞닥뜨리는 것이 우리 인생 아닌가. 중요한 건 그래도 또 다시 일어날 수 있다는 믿음으로 살아내려는 삶의 의지가 중요하다는 것이다.

그는 어떤 절망에서도 나를 지키기 위해서는 그 안에서 할 수 있는 어떠한 소극적인 행동이라도 찾아야 한다고 하였다. 나는 경험을 통해 이 소극적이나 대단히 결정적인 행동이 무엇인지를 안다. 내가 경험한 글쓰기가 바로 그것이다.

아! 나는 감사하게도 아주 소극적이나 대단히 결정적인 이 행동 가운데 있었던 것이다. "너 살아 있어, 보이지? 이게 바로 너야!" 이보다 더한 살아 있음에 대한 확증을 어디서, 어떻게 더할 수 있으랴. 한 글자 한 글자 글로써 쓰여진 나란 사람을 바라볼 때의 진하디 진한 삶의 희열을 어디서, 어떻게 만날 수 있었겠는가.

글쓰기는 그 어떠한 가혹한 환경에 있다 하더라도 여전히 내면 깊숙이에서 꿈틀거리는 삶의 본능, 즉 나는 살고 싶다, 살아야겠다는 삶의 의지를 글로 끄집어내서 보게 하는 엄청난 일을 한다. 이렇게 글쓰기가 찾아내는 나, 글로써 쓰여진 나는, 나의 살아 있음을 확증시켜주는 특별하고도 새로운 삶의 존재 방식이 되는 것이다.

글 속에는 어려서부터 외적인 상황과 내면의 감정이 격한 충돌을 일으켰던 나란 사람의 내밀한 이야기가 있었다. 왜 그토록 본질에 집착하려했는지, 내가 정의 내리며 그토록 지키려고 했던 그 본질은 무엇인지, 왜 그토록 치열하게 맞서면서까지 그것들을 지키려고 했는지, 그런데 왜 그때 그렇게 분노가 치밀어올랐는지. 하다못해 주변을 사유하며 쓴 아주 짧은 글 속에서조차 나는 나를 보았다. '내가 이런 사람이었구나!' 나는 글을 쓰면서, 더 정확히는 글 속의 나를 보면서 세상을 바라보는 시선은 어떤지, 그 시선들의 기준은 무엇인가를 보게 된 것이다.

절망의 시간, 글을 쓰는 것의 의미

절망의 시간, 나는 글을 썼다. 그리고 그 속에서 삶의 기준들을 부둥켜안고 있는 나를 만난 것이다. 글을 쓰지 않았다면 진짜 이런 나를 찾지못했을 것이다. 글로써 쓰여진 나를 보았기에 찾을 수 있었던 것이다. 보이지 않으면 어떻게 찾을 수 있는가. 무엇이라도 보여야 찾을 수 있는 것이 아닌가.

여기 한 남자의 이야기가 있다. 보비. 1995년 12월 8일 세계적 패션잡지 〈엘르〉 편집장 장 도미니크 보비는 뇌졸중으로 쓰러지고 3주 만에 깨어났지만, 왼쪽 눈꺼풀만 움직일 수 있는 전신 마비가 된 것이다. 끔찍한 그 시간, 보비는 평생 동안 해온 일을 시작했다. 절망의 그 시간에 글을 쓴 것이다. 비록 전신 마비 상태였지만 왼쪽 눈꺼풀을 20만 번 깜빡거리며 15개월 동안 『잠수종과 나비』라는 책을 쓴 것이다. 잠수종 안에 갇혀 있던 육체가 죽음과 동시에 나비가 되어 날아가는 이야기. 비록 이 책을 쓰고 18일 만에 죽었지만, 그가 남긴 마지막 삶의 이야기는 '인간에게 남아 있는 마지막 자유는 무엇인가.'라는 물음에 대한 충분한 답이 되었다. 어느새 나에게도 글을 쓴다는 것이 이런 것이 되었다.

혼돈 가운데 있는가? 절망 가운데 있는가? 나는 무엇보다 먼저 치열하게 당신 자신을 향해 글을 써보라고 권하겠다. 분명 글쓰기는 당신의 '살아 있음'과 왜 살아야 하는지에 대한 아주 명확한 답을 제시할 것이다. "이게 바로 너야. 썩 괜찮지 않니? 힘을 내!" 이렇게 말이다.

치열한 시간, 글쓰기는 살아 있음에, 존재하고 있음에 증거가 되어주었다. 당신에게도 분명 그럴 것이다. 글을 써라. 글을 쓰면서 살아 있는 당신을 만나고 삶의 의미와 마주하라. 그리고 곧장 삶의 한 가운데로 뚜벅뚜벅 걸어가라.

몸과 마음의 아픔을 극복했다

내 몸과 마음을 지배한 통증

머릿속을 헤집고 다니는 고약한 문구가 있었다. 병원에서 본 신문의 칼럼 속 문구였다.

'통증은 3개월이 골든 타임…… 3개월이 넘으면 어렵다…….'

당시 나는 일찌감치 3개월을 사뿐히 넘긴 상황이었다. 알 수 없는 통증과 힘겨운 싸움을 하고 있던 시간, 나는 이 무례한 싸움을 먼저 시작한 통증에 휘말리고 있었다. 이 상황을 위해 내가 할 수 있는 것은 어디에도 없었다. 통증은 정신적으로든 육체적으로든 나를 점령하고 있었다. 나에게는 이 괴물을 이길 수 있는 어떠한 힘도, 방법도 없었다. 어둠이 내려앉은 시간, 나는 잉여 인간에의 두려움에 매일매일 떨었다.

통증은 치료가 되지 않았고 다른 어느 것에도 별다른 기대를 할 수 없는 상황이었다. 어느 날, 문득 이런 생각이 스쳤다.

'그래도 살아야 한다면, 이 괴물과 같이 가야 한다면, 이 괴물을 저 멀찍이 둘 방법이 있을까? 있다면 뭐라도 해봐야 하지 않을까?'

쉽게 따돌릴 수 없는 괴물, 통증! 두 알에서 시작한 통증약의 개수는 최고치가 되었다. 통증약의 개수는 내 바람과는 상관이 없었다. 심장에 두려움이라는 살얼음이 끼고 있었다.

나는 뭐라도 찾아야 했다. 통증을 따돌릴 수만 있다면 그 어떠한 방법이라도 찾아내야만 했다. 이 통증이라는 괴물들을 따돌릴 방법이 진짜 있을까?

발길은 습관처럼 서점을 향하였다. 뭐라도 할 수 있는 게 있어야 했다. 어떻게 해서라도 저 괴물을 따돌려야 했다. 실낱같은 방법이라도 찾아내야 했다.

아픔을 따돌리기 위해 글쓰기를 시작하다

그날, 나는 운명처럼 두 권의 책을 만났다. TMS 통증 치료 혁명과 글쓰기에 관한 책. 내 인생은 두 권의 책을 만나고부터 다시 시작되었다.

두 권의 책을 통해 통증으로부터 멀어지기 위해서는 집중할 무엇이 필요한 것과 그 무엇은 글을 쓰는 것임을 알게 되었다. 치열한 글쓰기는 이렇게 시작되었다.

인생이란 것이 예고편이 있으면 좋으련만 갑작스레 훅 들어온 정적의 시간들. 시간은 그들만의 스케줄대로 흘러가는데 의지 따윈 상관없이 정지되어야만 하는! 나는 많이 두려웠다. 더는 이 시간을 참아내는 것이 힘들었다. 속절없이 흐르는 시간이 두려웠고 이 두려움을 버텨낼 힘이 이미 바닥 난 것이 보여 더 두려웠다. 버텨야 한다면, 그래도 버텨내야 한다면 내겐 무언가가 절실히 필요했던 것이다.

'그래, 통증을 따돌리기 위해 글을 쓰자.'
무언가 해야 하며, 그나마 할 수 있는 것은 통증을 저 먼 곳에 두기 위해 글을 쓰는 것이었다. 내 마음을 알 턱이 없는 야속한 시간에 대한 아쉬움과 앞으로의 시간에 대한 두려움을 극복하기 위해서 나는 글을 써야만 했다.

아픔을 따돌리기 위해 시작한 글쓰기. 통증이라는 괴물을 저 멀리 멀리에 두기 위해 시작한 글쓰기. 살기 위한 것이었으리라.
지독한 통증은 바깥 외출을 금지시켰다. 친구를 만나는 것도 식구들과의 외식도 전혀 불가능하였다. 어둠이 내려앉은 거실, 나는 늘 글쓰기와

단둘이었다. 글쓰기가 친구였고, 가족이었고, 애인이었다. 글쓰기는 위로하였고 나는 마음을 열었다. 글쓰기에 서러움과 외로움, 두려움과 절망감, 그리고 허우룩한 내 마음을 포개었다.

나에게 통증은 핵폭탄보다도 두렵고 무서운 것이었다. 핵 과학자들이 이 말을 들으면 무슨 이런 뚱딴지같은 말이 있느냐고, 핵폭탄이 뭔지 알기나 하고 이런 소리를 하느냐고 하겠지만 나는 씁쓸하면서도 어이없는 이 말도 안 되는 이야기로 나의 통증을 규정한다.

통증이라는 괴물은 나에게 이렇게 찾아왔다. 정신적인 충격과 육체적인 고통이 힘을 합하여 슈퍼 울트라 파워급의 통증이라는 괴물로.

나는 대학원을 졸업하며 지방의 교회에 3부 예배 지휘자로 청빙이 되었다. 13년을 넘게 열심히 최선을 다했지만, 전혀 납득할 수 없는 이상한 모양으로 일을 그만두게 되었다. 정신적인 외상이라는 트라우마가 생긴 것이다. '이 상처를 가지고 도대체! 어떻게 살라고!' 아무리 부정적인 생각을 떨쳐내려 해도 안 되었다. 어떻게 몸부림을 쳐도 소용없는 일이었다. 고개를 이쪽으로 돌리고 저쪽으로 돌려보아도 마찬가지. 어쩔 도리가 없었다.

그로부터 4개월 후, 기분 나쁜 통증이 꼬리뼈 근처로부터 올라오기 시작하였다. 자리에 앉지를 못하는 것이다. 듣도 보도 못한, 앉지 못하는 상황이 시작되었다. 최고의 병원을 다니며 치료를 하였지만, 최고라는 병원의 의사들은 모두 다른 병명을 이야기하였다. 시간은 계속 흐르고 있었고 시간이 더해짐에 따라 병은 깊어졌다. 자연스럽게 통증약의 갯수는 최대치가 되었다. 불안하고 초조하게 버티던 이 시간을 무슨 말로 어떻게 더 표현하랴. 나는 도무지 이해할 수 없는 통증에 굴복당하며 하루에도 몇 번씩 죽음을 떠올렸다.

나중에 알게 된 사실이지만, 사람은 어떠한 정신적인 충격이 오면 육체의 가장 약한 부분에서 고스란히 껴안는다고 한다. 모를 것도, 알 것도 같은 이 말은 분명 맞는 말이다. 앉지 못하는 이상한 일이 시작되기 1년 전 시술 부작용을 심하게 앓았던 꼬리뼈 쪽으로 모든 정신적인 충격이 모이게 된 것이다. 정말 이해할 수도, 받아들일 수도 없는 통증이었다. 지난 몇 년간 나를 이토록 힘들게 하고, 어느 병원에서도 제대로 된 병명을 이야기하지 못하는 지긋지긋한 이 통증의 근본적 이유가 정신적인 트라우마라니.

처음 만나 나의 상태를 본 어느 분은 자기가 이런 경험이 있었다며 이렇게 이야기하였다.

"그냥 다 흘려보내세요. 그냥 바보로 사세요. 다른 것에 집중하세요. 신경 쓰지 마세요. 다른 어떤 것도 신경 쓰지 마세요. 그래야 살 수 있습니다."

당신이 안고 있는 고통은 무엇인가. 글쓰기가 완벽한 치료제는 아니다. 그러나 분명 질 좋은 진통제 정도는 될 수 있다.

심리학자이면서 글쓰기 치료 연구자인 제임스 페니 베이커 박사는 그의 저서『글쓰기 치료』에서 이렇게 말했다.

"트라우마의 경험을 가지고 있는 것은 확실히 여러 가지 면에서 좋지 않은 영향이 있다. 그러나 심리적 외상을 경험한 후 그것을 비밀로 간직한 사람들은 훨씬 더 고통스러운 삶을 살고 있다."

그가 실험한 바에 따르면 심리적 외상 경험을 혼자 간직하고 있는 사람은 타인에게 털어놓은 사람보다 병에 걸릴 확률이 더 높다고 한다. 그러나 글쓰기에는 아픔이나 고통을 밖으로 내보내어 거리를 두는 기능이 있다는 것이다. 글쓰기에는 당신에게 있는 아픔과 상처와 절망감과 모멸감과 수치심마저도 비껴가게 하거나 따돌릴 수 있는 묘책이 있다는 것이다. 특별한 힘이 있다는 것이다.

제임스 페니 베이커 박사뿐만이 아니라 이 기능이 신체적 심리적 건강에 미치는 긍정적인 영향을 실증적으로 연구한 결과는 많다.

분명, 정신적인 상처나 아픔은 마음뿐 아니라 몸에도 크게 영향을 미친다. 이제 가장 지혜롭고 마음 따뜻한 글쓰기에 내 마음의 아픔을 털어

놓자. 그것이 무엇이 되었든 간에 글쓰기는 힘껏 당신을 도울 것이다. 당신 안에 있는 그 어떤 것도 글쓰기와 상의하면 글쓰기는 최고의 답변으로 당신을 도울 것이다.

글쓰기는 당신에게 있는 아픔과 고통의 해결책을 알고 있으며 어떻게 풀어가야 하는지 그 방법을 알고 있기 때문이다. 그러니 당신의 고통과 아픔을, 상처와 절망을 그리고 트라우마를 써라. 글쓰기는 그들을 따돌리며 당신을 보호할 것이다. 당신을 그 괴물들로부터 피신시킬 것이다. 당신을 가장 안전한 곳으로 인도할 것이다.

영화 〈굿 윌 헌팅〉을 아는가. MIT 공대에서 청소부로 일하는 윌 헌팅. 수학과 교수 램보는 윌의 천재성을 알아보고 후원을 결심, 심리학 교수 숀에게 윌을 부탁한다. 거칠고 상담에 대한 거부감을 갖고 있던 윌은 숀과 함께 시간을 보내면서 서서히 상처를 위로받기 시작한다.

어느 날, 윌은 자신이 양 아버지 밑에서 학대를 당하면서 살았음을 고백한다. 숀은 윌에게 다가가 온화하고 단호하게 말한다.

"네, 잘못이 아니야."
"네, 알아요. 안다고요."
"아니, 넌 몰라. 네 잘못이 아니야. 네 잘못이 아니야."

계속해서 이 말을 반복하는 숀에게 화가 난 듯 버럭 화를 내던 윌은 결국 울상이 되고 숀의 품에 안겨 울음을 터트린다. 글쓰기는 내게 숀교수였다.

"네 잘못이 아니야. 네 잘못이 아니야."

꿈을 이루기 위해 행동한다

내게도 반전이 있을까?

언제부턴가, 방송에 많이 나오는 김미경 씨가 〈스타 특강 쇼〉에서 했던 이야기가 생각난다.

"집에서 아이들 피아노를 가르쳤잖아요. 1년 만인가에 100명 정도가 되었어요. 그런데 주변에서 시끄럽다고 해서 그만뒀잖아요. 근데 또 그게 반전이 됐잖아요."

머릿속에 맴돈다. 그녀의 반전 이야기가. 반전? 특별히 맘에 두지 않았던 이 단어가 계속해서 머릿속을 헤집고 다닌다.

올해 2월 아버지의 죽음.
아, 이건 아니다. 꼭 이래야만 하나.

…

그때 받은 충격이 지금의 불씨로도 작용이 되었으리라.

사람의 마지막을 보면서 느꼈을 불편함과 내게 남은 시간들,

그리고 김미경 씨의 이야기는 무슨 상관이 있길래 반전의 깃발 아래 내 머릿속을 맴도는가.

아프면서 참 많은 생각을 했었다.

누구도 가는 시간은 알 수 없고 그렇기에 남아 있는 시간도 모른다고.

그래서 내게 '지금'은 미래를 위한 지렛대의 '지금'이 아닌

너무 아까운 '지금'이고 반전을 이룰 소중한 '지금'이라고.

지나간 시간에 대해 반전을 꿈꾼다.

앞으로 있을 시간을 위해 반전을 꿈꾼다.

반전은 꿈꾸는 자의 편이었음….

위의 글은 내가 일전에 블로그에 썼던 글이다.

반전! 몇 번은 이 반전을 꿈꾸긴 했었다. 이 반전이 있어주길 간절히 바랐었다. 살면서 털썩 주저앉고 싶을 적이 왜 없었겠는가. 그러나 내 삶 어디를 뒤진다 해도, 주머니에 있는 모든 것을 다 털어낸다 해도 반전이

라는 싹을 키울 만한 것은 없었다.

내 앞에 있는 일들과 공부, 생활, 이런 것들을 처리하며 살기에 너무 바쁘고 빠듯했기에 반전이라는 것은 아주 먼, 아무리 손을 뻗어도 결코 손이 닿지 못하는 저기 저 먼 곳에 있는 줄 알았다. 그런 내가 '반전에 대하여', '반전이라는 거' 이런 글들을 계속해서 쓰고 있는 거라니.

'나와는 상관이 없는 것이다! 나와는 거리가 있는 것이다! 그래서 내 것은 아닐 것이다! 나한테까진 오지 않을 것이다!'

그런데 이 반전이라는 것이 특이하게도 글을 쓰면서 내게로 왔다. 나는 지금 반전을 꿈꾼다.

토끼 눈을 하고 있는 내게 글쓰기가 말했다.

"너는 나를 따라오기만 하면 돼. 이 깃발 보이지. 반전이라는 깃발 말이야. 내가 너를 인도할 거야. 자, 나를 따라와."

글을 쓰기 이전에는 몰랐던 것들을 발견하는 것, 그곳에 글쓰기의 희열이 있다.

나는 어려서부터 뻔하게 살고 싶지 않았다. 내게 주어진 생명, 주어진 시간, 인생이라는 것에 그저 그런 대접을 한다거나 아무렇게나 대하고

싶은 마음이 없었다. 건강하고 열정적으로 살고 싶었지만 이런 의지와
는 상관이 없이 그저 정지되어야 하는, 그저 참을 수밖에 없어 참아야 하
고, 그저 지나가기만을 기다려야 하는 몇 번의 굴곡진 시간들이 있어서
일까?

숨 쉬는 삶의 곳곳이 소중했으며 눈부시게 아름답길 원했다. 주어진
모든 것이 간절했으며 그러기에 어떠한 것에도 열정적이었다. 내가 누리
는 삶이 아주 거창하거나 화려하진 않아도 아기자기한 이야기가 있고,
때론 나의 임계치를 넘는 어떤 성공으로 인생의 짙은 희열을 느끼고도
싶었다.

그러나 의지와는 상관없이 정지되어야만 하는 시간, 나는 내 인생에게
물었다.

"왜 그러는 건데! 도대체 이 상황은 또 뭔데! 나는 왜 또 이 시간이 지나
가기만을 기다려야 하는 건데! 나는 왜 또 참아야 하는 건데!"

지난 몇 년간 또다시 쓰나미에 쓸려 떠내려가는 나를 보면서 내 영혼
은 상처라는, 아픔이라는, 고통이라는, 절망감이라는 트라우마가 가져다
준 이 통증이라는 괴물에 부들부들 떨었다. 내 영혼은 목구멍을 치고 올
라오는 분노에 정신이 아뜩하였고 내 인생은 여기저기에 피멍이 들어 욱
신거렸다.

그런데 반전이라니, 이상하지 않은가. 나는 글을 썼다. 나의 본질을 파고드는 것뿐만이 아닌, 언저리를 돌고 있는 인생의 모든 기쁨과 슬픔, 희망과 고통, 아픔과 절망과 좌절 그리고 모멸감까지도 남김없이 썼다. 그러나 놀랍게도 모든 것을 걷어내고 걷어내며, 결국 지금 내게 남아 있는 것은 단 하나 꿈이다. 어떻게 이런 일이 있을 수 있단 말인가. 어떻게 희미했던 내 인생, 꿈이 그 가능성을 이리도 크게 드러내는가 말이다.

글쓰기가 흔드는 반전이라는 깃발

치열하게 글을 쓰면서 한 가지 중요한 사실을 깨달았다. 나는 내 생각보다 훨씬 더 가치 있는 존재이며 훨씬 더 귀한 존재라는 사실이다.

마음의 정원에 꽃을 심지 않으면 잡초가 자란다고 한다. 많은 심리학자들은 우리 감정의 95%는 그 순간 마음을 스쳐가는 말에 의해 좌우된다고 말한다. 방황하는 내 마음, 텅 빈 내 마음에 의식적으로라도 희망과 꿈의 언어로 채우지 않으면 저절로 절망과 좌절, 공포와 걱정들로 채워진다는 것이다. 다른 말로 하면, 마음의 정원에 일부러라도 꽃을 심지 않으면 저절로 잡초가 자란다는 것이다. 그렇다. 글을 쓴다는 것은 우리 마음에 꽃을 심는 일이며 그 꽃은 희망과 꿈을 꾸게 한다. 마음에 글로 희망과 꿈을 채우면 꿈은 이렇게 이룬다.

"저는 11살 때 하나님께 편지를 썼습니다. '하나님 제발, 제발 배우가 되게 해주세요. 예쁜 장면에 많이 나오게 해주시고, 화장도 예쁘게 해서 올리비아 뉴튼 존처럼 보이게 해주세요. 레오나르도 디카프리오 같은 배우랑 키스도 부탁드립니다. 또 언제나 배우로 살고 싶다는 마음 변치 않게 도와주세요.' 20년이 지나, 이제 31살이 된 저는 또 다시 하나님께 편지를 씁니다. '촬영장에 지각 안 하게 해주시고, 배우 생활 계속할 수 있게 도와주시고, 언제나 배우로 살고 싶다는 마음 변치 않게 도와주세요.'"

영화 타이타닉의 여주인공 케이트 윈슬렛이 2007년 제 64회 골든글로브상 시상식에서 〈리틀 칠드런〉이라는 영화로 최우수연기상을 받으며 한 수상 소감이다. 그녀는 자신의 솔직한 감정과 꿈을 구체적이고 자세한 표현으로 하나님께 편지를 쓴 것이다. 물론 우리는 그녀의 일기를 통해 어린아이다운 귀엽고 거창한 꿈을 만났지만, 케이트 윈슬렛의 간절한 편지는 꿈은 반드시 이루어진다는 것을 증명해보였다.

『매일 아침 써봤니』의 김민식 PD는 그의 책에서 지금의 아내를 만나게 된 방법을 풀어 놓았다.

"예전에 정말 좋아하는 후배가 있었어요. 예쁜 아이인데 나를 만나주는 게 너무 고마워서 무언가 선물을 하고 싶었어요. 그런데 짠돌이라 비싼 물건을 사지는 못 하겠고 어떡할까 끙끙거리다 어느 날 노트를 한 권 선물했어요. 빈 노트를 사서, 거기에 후배를 향한 연애 시를 썼어요. 네가 좋은 이유, 너를 기다리며, 나는 왜 너를 사랑하는가 등 지금 생각하면 부끄러워 죽어버릴 것 같은 그런 시들을요. 약속 장소에 매번 30분씩 일찍 나가 기다리면서 시 한 편씩을 썼어요. 오면 시를 한번 보여주고, 오면 또 보여주고…. '너를 위한 시들로 노트 한 권을 가득 채울 거야!' 그랬는데, 막상 다 채우지는 못 했어요. 네, 한 권 쓰기도 전에 그 후배가 저의 청혼을 받아들였거든요. 결혼하고 나니 시가 더는 안 나오더라구요."

그의 아내는 시를 읽고 감동해서라기보다는 너무 오글거려서 이런 미친 짓을 끝없이 하는 걸 보니 어지간히 나를 좋아하는가 싶어 기특한 마음에 결혼을 한 것 같다고 했다. 그는 말했다.

"시를 쓸 때 제 마음만 생각했습니다. 좋아한다는 말을 너무너무 하고 싶은데 어떻게 표현해야 할지 몰라 미칠 것 같은 제 마음만 오로지 생각했습니다."

나는 오랜만에 크게 웃었다. 깔깔거리고 웃었다.
우리는 왜 글을 써야 할까? 서평가 금정연은 애초에 문학이란 여자를 꼬시기 위해 탄생한 것이라 말하며 우리가 글을 쓰는 건 사람의 마음을 얻기 위해서라고 하였다.

김새해는 그의 책 『내가 상상하면 꿈이 현실이 된다』에서 무려 12년에 걸쳐 나에게 어울릴 배우자 상을 머리에 떠올리며 종이에 썼고 결국 꿈을 이루었다고 한다. 그녀가 바라는 이상적인 배우자 상은 100개가 넘었다. 심지어 얼굴형과 좋아하는 음식 목록까지 있었다. 아직 나타나지도 않은 배우자를 너무 자세히 묘사한다는 생각은 들었으나 어차피 나만 볼 리스트였기에 마음껏 솔직하게 상상의 나래를 폈다고 한다. 그녀는 글로 써 꿈을 심었고 이룬 것이다.

꿈을 적는 것이 이렇게 중요하다. 이렇게 내가 원하는 것을 적는 것이 중요하다. 글로 써 남기는 것이 중요하다는 것이다.

자, 이제 당신의 꿈을 적어보자. 앞에서도 말했지만 글로 써 남기는 것이 중요하기 때문이다. 글의 힘은 말보다 강하고 기록은 행동을 이끌기 때문이다. 마음속으로만 생각하는 것보다 말을 하는 것이 힘이 더 크고 말로 하는 것보다 글로 쓰는 것이 훨씬 더 큰 힘을 발휘하기 때문이다. 반전을 꿈꾸는가. 내가 아는 한, 반전은 글을 쓰는 사람의 것이다. 반전을 일으키는 키 포인트는 글쓰기가 가지고 있으며 인생의 반전은 글쓰기로부터 시작된다는 것이다.

이제 당신이 이 반전의 대열에 들어올 차례다. 어떤가. 글쓰기가 일으키는 반전이 궁금하지 않은가. 글쓰기가 흔드는 반전이라는 깃발 아래 움직이고 싶지 않은가. 어렵지 않다. 글을 쓰면 된다.

글쓰기에는 기적이 살고 있어요

펄떡펄떡 숨쉬는 글쓰기라는 기적!

어느 때부턴가 나는 혼자였다. 대학을 갈 때도 작은 언니에게만 말하고 레슨 선생님을 구하는 것과 레슨비를 충당하는 것까지. 이 모든 것을 혼자 해야만 했다. 집안이 너무 어려울 때였거든. 모든 물리적인 것에 더해 정신적인 것까지.

그 이후의 시간은 더 말할 것도 없다. 모든 결정과 그에 따른 지원은 내 몫이었다. 남들은 쉽게 하는 것을 나는 혼자서 너무 힘겹게 가고 있다는 생각을 했다.

몇 년 전부터 이상 신호가 오긴 했다. 몸을 일으키지 못하겠는, 아무것도 못 하겠는 상황이 계속되었다. 탈진인가? 도대체 왜 이러는 거지? 1년 정도를 아무것도 못 하고 집안에서 게임만 했다는 지인의 이야기를 떠올리며 이 상황을 일반화해 보기도 하고 합리화시키기도 하였다. 어느 날 기회가 되어 그분께 물은 적이 있었다.

"1년 여의 시간을 그냥 보내고 어떠셨어요?"

"바보 같더라구요. 내가 왜 그랬나 되게 후회했습니다."

1남 3녀 중 막내. 독특하고 창조적이며 특별한 감성과 영감의 소유자. 열정은

또 어떻고. 그러나 가끔, 어떤 이유에선지 학교 앞 동상처럼 주저앉아 있었다.

이 부분을 쓰면서 한참을 생각했다.

'그때 왜 그랬니?'

나를 알기 위해 떠난 과거로의 여행. 그랬겠구나.

열정과는 전혀 다른 상황에 맞물려 가려니 힘은 더 들고 중무장한 세력들이

지나갈 때면 나는 부러웠겠지. 힘도 빠지고.

물론 이것만이 이유는 아니겠지만 깊이 들여다 본 나의 과거가 후져 보이지

않고 기특하고 대견해 보인다.

정말 애썼어. 그 정도면 훌륭해.

글쓰기를 하길 참 잘 했다. 뭔가 털어 내는 기분이 든다.

부끄럽냐구? 아니 시원해.

위의 글은 내가 블로그에 쓴 글이다.

기적이라는 것! 이제껏 한 번도 본적도 만난 적도 없는 기적, 그래서 현실에는 존재하지 않을 거라 믿었던 기적, 바로 그 기적이.

글쓰기! 그곳에 기적이 살고 있었다. 그곳에는 기적이 꿈틀거리고 있었다. 기적의 역사가 펄떡펄떡 살아 숨 쉬고 있었던 것이다.

얼마 전 책을 읽고 있는 내게 엄마가 말을 건네셨다.

"네가 기자가 되고 싶다고 했었는데……."
"엄마가 그걸 어떻게 기억해?"
"네가 그 뭐였더라. 기자 하고 PD같은 거 하고 싶다고 했잖아."

엄마는 그 옛날 막내딸의 꿈을 지금까지도 기억하고 있었다. 그리고 알았다. 내가 왜 이리 글쓰기에 빠져 사는지, 재미있어 하는지……. 기자? PD? 내 기억 속 어딘가에 그 흔적조차도 없는 꿈인데. 시간 가는 줄 모르고 글을 쓰고 있는 이유를 어렴풋이나마 알 것도 같았다. 이제껏 해온 음악보다도 왠지 친근하게 느껴지는, 나를 더 나답게 하는 것이 글을 쓰는 일이다. 생각해보니 여고 시절, 소설가가 되겠다고 문예반을 기웃거리기도 했었다.

나는 한 번도 글을 쓰며 사는 삶에 대해 생각해보지 않았다. 어렴풋이 스친 적은 있지만, 그건 나 아닌 다른 특별한 사람들의 것이므로 글을 쓰며 사는 삶에 대해 불가능하다고 생각했었다.

그러나 글을 쓰면서, 결정적으로 무언가 더 있는 나를 발견하였다. 그렇다. 더 있었다. 분명 더 있었다. 내가 알고 있는 나, 내가 경험한 내가 아닌 더 큰 가능성을 드러내는 내가, 글쓰기 그곳에 있었던 것이다.

이제, 평소 대단한 자신감으로 똘똘 뭉쳐 있지는 않지만, 글쓰기가 몇 번이나 말을 해주었기에 나의 생각을 밝히려고 한다. 글쓰기가 그랬다.

"너는 할 수 있어. 아주 잘 할 거야. 나는 너를 아주 잘 알거든. 너는 사람들의 마음을 어루만지는 그런 글을 쓸 수 있을 거야."

나는 글을 쓰며 살고 싶다. 어떤 거창한 것을 이루기 위한 것이 아닌, 그저 글쓰기에 내 마음을 풀어내고 내 마음을 포개면서 살고 싶다.

더 큰 가능성의 나를 발견하다

글을 쓰지 않았다면 어땠을까? 결코, 더 있는 나를 발견하지 못했을 것이다. 글을 써라. 당신도 분명 더 있을 것이다. 당신이 옛적부터 알고 있는, 경험으로 알고 있는 당신이 아닌, 분명 가능성을 크게 드러내는 무언가 더 있는 당신을 발견하게 될 것이다.

그렇다. 더 있는 나를 발견하는 놀라움, 그 곳에 글쓰기라 쓰고 기적이라 읽는 이유가 있다.

한 가지 더, 나는 글쓰기를 외치는 인생으로 살고 싶다. 글쓰기가 일으키는 기적의 비밀, 그 힘을 알기에 그렇다. 이 또한 글쓰기가 일으킨 기적 아닐까?

'가능'이 '불가능'에게 물었다. "너는 어디 사니?"

그러자 '불가능'이 대답했다. "무능하고 무력한 사람들의 꿈 속에 살아."

1913년 아시아의 대표로 노벨문학상을 수상한 인도의 신 타코의 책에 나온 한 구절이다. 이 짧은 우화만큼 가능과 불가능에 대해 설득력 있게 설명한 글이 또 있을까? 나는 이렇게 바꾸어보겠다.

'불가능'이 '가능'에게 물었다. "너는 어디 사니?"

'가능'이 대답했다. "응, 나는 글쓰기 속에 살아. 근데 거기 기적도 살던데!"

나는 불가능이 가능으로 변하는 기적을, 글을 쓰면서 분명 보았기 때문이다.

그렇다. 기적은 글을 쓰는 사람의 것이다. 자신의 독서 체험을 담아

『일일일책』을 쓴 장인옥 작가는 워킹맘이었다. 그녀는 남편의 실직 후 외판원과 마트 아르바이트를 하며 남편을 원망하기도 했고 자신의 운명을 저주하기도 했다. 마음속의 분노를 다스리기 어려워 원형탈모를 얻기도 했다. 그러나 서른아홉 생일을 맞아 정말 잘 살아보고 싶어서 자투리 시간을 활용하여 책을 읽으며 글을 썼다. 그녀가 글을 쓴 이유는 자기만의 시간이 필요했기 때문이며 스스로 질문하고 생각하고 정리하면서 답을 찾아야 했기 때문이라고 한다. 그녀는 힘주어 말한다. "나를 만나는 시간이 없다면 매일 되풀이되는 일상에서 다시 일어나는 힘을 얻지 못했을 거예요!" 그녀는 자신의 상황을 극복하기 위해 글을 썼다. 그리고 그 속에서 기적을 만난 것이다.

『프리덤 라이터스 다이어리』의 뒷표지에는 이런 말이 있다. "네가 희망을 글로 쓴다면 그 꿈은 이루어진단다." 이 이야기는 미국 캘리포니아주 롱비치에 있는 고등학교 국어 선생님인 에린 그루웰이 인종 갈등으로 말썽을 피우는 학생들을 상대로 글을 쓰며 자기 자신을 믿는 법을 가르치면서 시작된다.

처음 교단에 서는 크루엘 선생님이 맡은 고등학교 교실은 학교에서 더 이상 가르치기를 포기한 문제아들이 모여 있는 곳이었다. 아이들이 졸업할 때까지 살아만 있어도 다행인 경우가 많다고 여길 정도로 희망을 찾아볼 수가 없었다. 선생님은 헌신적인 노력으로 아이들에게 독서와 글쓰기를 실천하게 하고 마침내 아이들이 쓴 글을 책으로 발간해서 사회적으로 반응을 불러일으켰다.

『프리덤 라이터스 다이어리』는 독서와 글쓰기 교육이 학생들에게 얼마나 긍정적인 영향을 끼치는지 생생하게 보여주었다. 훗날 이 책에 나오는 142편의 일기 쓰기를 함께한 주인공들 대부분은 대학에 진학하여 학사, 석사 학위를 받았고 커뮤니티를 결성하여 끊임없이 스스로를 발전시키며 미국 전역에 자유의 글쓰기 운동을 퍼트렸다. 하마터면 인생의 낙오자가 될 수 있는 아이들이 한 선생님의 독서와 글쓰기를 접목한 교육방법으로 사회의 중추적인 인물이 된 것이다. 지금 그들은 자유의 작가재단을 설립해서 구체적인 글쓰기 운동의 선구자적 역할을 하고 있다.

거짓말처럼 이 책에 담겨있는 아이들의 글은 불가능을 가능으로 절대절망을 희망으로 바꾸었다. 글쓰기가 기적을 이룬 것이다. 틈틈이 쓴 글들이 자신의 운명을 어떻게 바꾸었는지를, 기적과 같은 인간 승리의 모습을 보여준 것이다

자, 어떤가. 분명 더 있지 않은가. 글쓰기에는 기적이 살고 있지 않은가. 그 어떤 기적도 바라볼 수 없는 상황, 글쓰기는 불가능을 가능으로 절망을 희망으로 바꾼 것이다. 글쓰기가 기적을 일으킨 것이다.

이런 기적, 당신에게도 필요하지 않은가? 만나고 싶지 않은가? 글쓰기

의 현명함은 당신에게 어떤 기적이 필요한지, 지금 당신에게 그 기적이 얼마나 절실한지도 잘 알고 있다는 것이다. 그러니 글을 써라. 글을 쓰면 글쓰기는 당신이 이전에 한 번도 본 적도 만난 적도 없는 기적을 당신 품에 안길 것이다. 글쓰기가 당신에게 기적을 일으킬 것이다. 당신은 그 기적을 볼 것이다.

- 3 -

글쓰기가 주는
기적의 선물

진짜 나를 알게 되다

나는 나를 어떻게 생각하는가?

지인으로부터 따뜻한 책 한 권을 소개받았다. 『30년 만의 휴식』. 나는 글을 쓰면서 느꼈던 변화에 대한 깊고 따뜻한 명증을 이 책에서 보았다.

이무석은 우리 안에 있는 상처와 분노에 대해 이렇게 말했다.

"우리에게 중요한 것은 내가 나를 어떻게 생각하는가예요. 자신에 대해 자존감을 가지고 있어야 한다는 겁니다. 나를 작게 만드는 사람에게 나를 판단할 전권을 주지 마세요. 상대가 정말 거인인가를 생각해봐야 해요. 나는 다른 사람의 평가에 관계없이 온 우주에 하나밖에 없는 소중한 존재입니다. 무엇보다 자기 자신을 아는 것이 중요합니다. 나를 알면 큰 사람이 될 수 있어요. 큰 사람이 되기 위해서 대단한 일을 성취하거나 많은 재산, 명예가 필요한 것이 아니예요."

코끝이 찡하다는 것은 이럴 때 쓰는 표현일까.

"내가 나를 어떻게 생각하는가?"

상처받은 누군가가 아닌, 자신의 삶을 살아내기 위해 고군분투하는 우리 모두에게 날카로우면서도 본질을 파고드는 질문 앞에서 나는 무슨 이야기를 꺼낼 수 있으며 당신은 무슨 이야기를 꺼낼 수 있는가?

"당신은 당신을 어떻게 생각하는가?"

이 질문에 대한 답을 구하기 위해서는 무엇보다 나 자신을 글로써 풀어보아야 한다. 분명, 글을 쓰면 "내가 나를 어떻게 생각하는가?"에 대한 답을 알 수 있기 때문이다. 글쓰기는 자신이 가지고 있는 진솔한 힘으로 '나란 사람'을 과거로부터 파헤칠 것이다. 내면 세계와 외부 세계를 두루 돌아다니며 나의 이야기를 끄집어낼 것이다.

어쩌면 나는 나를 잘 알고 있다고 생각했을까. 내가 안다고 하는 나, 거울 속에 비추는 나, 다른 사람들이 이야기하는 '나란 사람'을 통해서 진짜 나를 알 수 있었을까? 분명한 나란 사람을 정의하고 있었을까? 글을 쓰지 않았더라면 배우지 못했을 나란 사람! 나는 글을 쓰면서 나라는 사람이 누구인지를 배웠다.

소름이 돋을 정도였다. 그곳에는 나의 기질, 나의 생각, 나의 가치관 등 분명한 내가 있었다. 처음으로 '나란 사람'을 만난 것이다. 나를 둘러 싼 모든 것을 걷어내고 본질 속으로 들어가니 비로소 내가 보였던 것이다.

사실, 어디서도, 그 누구에게도, 억만금을 주고도 배울 수 없는 것이 나라는 사람 아닌가. 그 누구도 나에 대해, '나란 사람'에 대해 알려주거나 가르쳐주지 못했을 것이므로, 그 어디서도 그 어떤 것으로도 나는 '나란 사람'에 대해 배우지 못했을 것이므로 말이다.

글을 쓰면서 알았다. 진짜 나라는 사람을! 그리고 나라는 사람을 잘 모르고 있었다는 그 충격적인 사실까지도. 길다면 긴 시간을 나로 살면서, 다른 사람들이 생각 없이 툭 던지는 말이 나인 줄 알았다니. 실패한 결과가 그저 그런 나이며, 상처받고 아파하는 그 휘청거리는 내 모습이 진짜 나인 줄 알았다니. 이럴 수가! 나는 치열하게 글을 쓰면서 비로소 진짜 '나란 사람'을 알 수 있었던 것이다.

중요한 것은 글쓰기의 이런 통찰의 힘은 상처를 치유하며 사람을 성장시킨다는 것이다. 당신은 아는가. 이 힘은 당신이 이전에 한 번도 생각하지 못했던 큰 사람을 꿈꾸게 한다는 것을. 큰 사람! 아, 생각만으로도 가슴이 벅차고 뜨거워지지 않는가.

그렇다. 글을 쓴다는 것은 '내가 나를 어떻게 생각하는가?'에 대한 답을 내는 것이었다. 나는 글을 쓰면서, 살면서 느꼈던 '나란 사람'에 대한 허기를 채웠다. 마음껏 허기를 채우니 든든하고 지금의 나는 이전과는 분명 다르다. 나에 대한 흔들리지 않는 신뢰와 믿음은 자긍심과 자존감을 세워주었으며 단단해진 마음 근육은 나를 향한 기대감으로 삶을 다시 세울 계획을 하였다. 이무석이 말하는 '큰 사람'으로 말이다.

책을 읽듯이 나 자신도 읽고 배우자

우리는 책을 읽는 것이 얼마나 중요한지 잘 알고 있지만, 정작 내 생각과 경험, 감정들을 쓰고 읽으며 나를 배우는 것이 얼마나 중요한지는 잘 알지 못한다. 참으로 많은 이유와 인생에서 중요한 무언가를 배우기 위해서 책은 읽었지만 가장 중요한 나를 읽으며 배우지는 못했던 것이다.

"다른 사람에 대해서는 열심히 배웠지만 정작 나라는 사람에 대해서는 배우지 못했어! 이럴 수가!"

책을 읽는 것은 분명 중요한 일이다. 그러나 책은 다른 사람의 생각이고 다른 사람의 경험이고 다른 사람의 성공 아닌가. 즉, 다른 사람 아닌가. 무엇보다 중요한 것은 진짜 나의 생각과 감정 아니겠는가. 그래서 내가 나이지만 나 자신에 대해 배워야 할 필요는 반드시 필요하며 무엇보다 중요한 것이 아니겠는가. 나는 나이기 때문에 나 자신을 객관화시켜서, 대상화시켜서 바라봐야 하는 게 맞는 것이다.

그렇다. 치열한 글쓰기는 나를 알아가는 지혜를 주었다. 어느 날 글쓰기가 한마디 말을 건넸다.

"이게 너란 사람이야. 똑똑히 보라구!"

결국, 나는, 나라는 사람에 대해 쓰고 읽으면서 '나란 사람'을 배운 것이다. 다른 사람의 생각이나 다른 사람의 경험이 아닌 '나란 사람'을 다행히도 배울 수가 있었던 것이다.

글을 쓰지 않았다면 몰랐을 '나란 사람!' 나는 어쩌면 '나란 사람'이 누구인지를 영영 모를 뻔했다. 나는 나라는 사람을 쓰면서, 나라는 사람을 분석하였으며, 나는, 나라는 사람이 어떻게 생겼는지, 무슨 생각을 하는지, 아주 구체적이며 객관적으로 나란 사람을 배운 것이다. 비로소 '나란 사람'에 대해 눈이 떠지기 시작한 것이다.

'나란 사람'에 대해 가치를 발견하고 정체성을 찾으며 나를 배우는 것은 소중한 가치를 지닌 진짜 나를 만나는 것이다. 분명한 것은 진짜 나를 만나고 진짜 나를 배우는 이 위대한 일은 나 자신이 오롯이 글로써 표현되었을 때에만 가능하다는 것이다. 다른 것으로는 불가능하다.

어떤가. 궁금하지 않은가. 진짜 나 말이다. 이제부터 당신이라는 사람을 쓰기 시작해라. 당신이 좋아하는 것은 무엇인지, 당신이 고민하는 것은 무엇인지, 당신이 아파하는 것은 무엇인지 당신이 용서하지 못하고 있는 것이 무엇인지, 당신이 진심으로 바라는 것은 무엇인지, 당신이 이루지 못한 꿈은 무엇인지, 당신이 정말 하고 싶은 것은 무엇인지. 그 어느 것이라도 좋다. 왜? 왜? 라는 물음과 함께 깊이 더 깊이 들어가보길 바란다. 당신이 쓴 글을 읽고 또 읽으며 당신이 어떤 사람인지 배우길 바란다. 글을 쓰는 이 소소하면서도 위대한 일이 진짜 당신을 찾게 할 것이다.

기상 시간을 앞당기고 자발적 아웃사이더를 진행하면서까지 치열하게 글을 쓴 것은 내가 무엇을 하고 있는지에 대한 분명한 목적과 확신이 있어서였다. 그렇다. 글을 쓰면서 느꼈던, 무언가 안개가 걷히면서 드러나는 나란 사람에 대한 가치와 믿음, 자존감과 자긍심, 그리고 기가 막히게 그립고 아름다운 자유함! 더 깊어지고 더 넓어지며 기쁨과 환희 속에 커가는 나라는 사람의 변화를 목격한다는 것.
나는 치열하게 글을 쓰면서 이 기적의 변화를, 이 짜릿한 '나란 사람'의 변화를 목격하였다. 자, 글을 써라. 다음은 당신 차례다. 그리고 당신의 변화를 목격하라.

나아갈 삶의 방향을 정하다

정체성이 내게 말을 걸다

피아노 레슨을 오랜 시간 하였다. 며칠 전 테스트를 받으러 온 학생이 있었다.

"쇼팽의 〈나비〉 칠게요."
"잘 배웠네요. 이 친구 클래식 하는 게 좋겠는데…."

K-pop의 영향으로 재즈피아노가 궁금하였다는데 성향상 클래식 피아노를 하면 딱 좋을 학생이었다.

"〈학교종이 땡땡땡〉을 다른 화성으로 쳐볼래? 아니면 다른 쉬운 곡이라도."
"해본 적이 없는데요."

"그렇지, 안 해봤을 거야. 네가 관심이 있고 진짜 하고 싶었으면 벌써 했을 거야."

그렇다. 그쪽 음악을 원했으면 벌써 기웃거렸고 모든 음악을 실용화성으로 바꿔서 몇 번이고 쳐댔을 것이다. 전혀 그런 적이 없다는 것은 그리 관심이 없다는 것이다.

"선생님이 어떻게 아세요?"

학생의 어머니가 물었다.

"학생 음악에 그렇게 쓰여 있어요. 클래식 피아노하면 아주 잘하겠네요. 힘도 있고."

그 학생은 자기 음악의 정체성을 알았을 것이다. 그것도 더 분명하게. 사실, 오랜 세월 레슨을 하신 선생님들은 잠깐만 들어도 이 학생이 어떻게 배웠는지, 어떤 음악을 원하는지, 어떤 음악에 더 강한지, 약점은 무엇인지, 음악적 성향은 어떠한지를 알 수 있다. 거의 반 족집게 도사가 된다. 그 학생의 모든 것이 그 음악에 담겨 있기 때문이다. 그 학생이 그 음악이기 때문이다.

지난 여름, 참 많은 일들이 있었다. 약물 부작용으로 온몸이 전기에 감전된 듯한 이상한 반응이 계속되었다. 20여 일 정도 바깥 출입을 못하는 완전히 정지된 시간, 신앙처럼 끌고 가고 있는 어떤 선을 놓치면 절대 안 되는 그런 시간. 글쓰기는 이랬다.

"그동안 많이 참았다. 참을 수밖에 없어서 참았다. 내가 할 수 있는 게 참는 것밖에 뭐가 더 있겠나. 그렇다고 이렇게까지 해야 되나. 이건 아니지 않나. 나는 더 이상은 어려울 것 같다. 더 이상은 못 참겠다."

"가슴이 터질 듯 막막하다. 모든 것이 올 스톱되었다. 글을 쓴다는 거. 이도 저도 어려운 내게 유일한 벗이었는데…. 이마저도 어렵다니. 답이 없는 길을 걷고 있다. 온갖 감언이설로 나를 꼬드겨 보지만 더는 약발이 먹히지 않는다." 이때의 나는 어떤 문제에 대해서도 충돌이었다.

"너는 왜 그걸 모르니. 하나님이 하시는 거지."

"말이 좀 됐으면 좋겠어. 나는 한국 교회와 목회자에 선 긋기를 한 사람이라고. 그것도 아주 진하게. 더는 말하고 싶지 않아."

선 긋기를 아주 진하게 했다는 나의 말에 목사님이신 큰언니는 말을 멈췄다. 성격도, 내게 일어난 일도 모르지 않기에. 왜 그랬을까. 도대체 왜! 그토록 진한 선을 그어댔을까.

시시때때로 용서가 안 되는 시간을 보내며 구원이 될 만한 그 무엇을 찾기라도 했던 것일까. 아니면 그래도 억울하지 않으려면 잘 보내야 한다는 나름의 계산이라도 한 것이었을까. 새벽부터 밤까지, 나는 그야말로 치열하고 미친 듯이 글을 썼다. 그리고 이렇게 글쓰기에 한 맺힌 마음속 이야기를 풀어놓을 때에, 어떠한 이야기를 꺼내려드는 그 무엇과 마주하게 되었다. 정체성! 정체성이었다.

글쓰기를 통해 정체성이 내게 계속해서 말을 걸고 있었던 것이다.

"나를 찾아야 해! 이제 그만 나를 찾아줘!"

곧이어 지나온 삶이 내게 말을 건넸다.

"다시 시작되는 너의 정체성 안에서의 평안과 위로, 누림과 감사는 너의 소망과 비전이 될 것이야."

글쓰기가 한마디 말을 덧붙였다.

"너는 너의 정체성을 알고 있어. 너의 정체성을 찾아야 해."

그렇다. 나는 치열하게 글을 쓰면서 정체성을 찾아가고 있었던 것이다.

아무리 해도 내 정체성을 부정할 수는 없다

치열하게 쓰던 시간, 나는 교회 동갑내기 집사님의 권유로 한 선교 단체의 비전 스쿨에서 신앙 훈련을 받게 되었다. 스쿨을 시작하기 전 팀장님과의 인터뷰가 있었고 나의 상태를 확인하신 팀장님은 그날 밤 기도하며 모든 조를 다시 짰다고 했다. 첫째 날, 그렇게 해서 만난 조장님은 앉지 못해 엉거주춤 서서 밥을 먹는 나를 유심히 보더니 말을 건넸다.

"내가 아팠던 거하고 비슷하게 보여요. 내가 통증으로 내 몸을 이렇게 스치지도 못했던 사람이었잖아요. 통증으로 몸이 옆으로 이렇게 뒤틀려 기울었던 사람이었는데, 척추 수술을 2주 앞두고 교정을 시작하고⋯⋯."

조장님은 10여 년 전 겪었던 지독한 통증 환자 시절의 이야기를 들려주었다. 세세한 설명으로 나는 다음 날부터 교정을 시작하였고 그때부터 신기한 변화가 시작되었다. 이 만남은 정말 중요한 사건이며 뒤틀린 골반의 교정을 시작한 후부터 놀라울 정도로 회복되기 시작하였다.

최고의 대학병원 세 군데의 진료를 기다리는 상황이었다. 어떤 치료가 어떻게 진행될지 아무도, 아무것도 모르는 시간이었다.

이 만남이 없었다면 어찌 되었을까. 나는 어쩌면 지금의 상황과는 전혀 다른 최악의 아찔한 상황에서, 혼자 울고 있을지도 모른다.

스치듯 권한 신앙 훈련이었다고 한다. 모든 것이 다 정지됐거나 뒤죽

박죽인 상황에서 치열하게 글을 쓰는 모든 순간은 어딘가에서 헤매고 있는 정체성을 찾아가는 시간이었음을 나는, 나중에야 똑똑히 알았다. 글쓰기는 모든 것을 정리하고 정체성을 확인하는 것으로 지금 이 순간 무엇을 먼저, 어떻게 시작해야 하는지 알려주려 했던 것이다.

나는 글을 쓰면서 숨죽이며 떠돌고 있는 정체성을 보았다. 시퍼렇게 피멍이 든 상태였다. 곁눈질로 나를 살피는 정체성을 향해 명령하듯 손짓하였다.

나는 글을 쓰면서 알았다. 나의 정체성이 무엇인지. 내가 아무리 진하게 선을 긋고 또 그어댔어도 내게 있는 정체성을 부인할 수 없음을 알았다. 분명한 나의 정체성을, 기적적으로 찾았다.

비록, 정체성에 진하디 진한 선을 굵게 긋고 있었지만, 글을 쓰면서 똑똑히 보았다. 내 안에 흐르고 있는 정체성의 큰 흐름을, 절대지존이었으며 절대 권력이었던 이 정체성을. 그리고 이 정체성을 어떠한 일이 있어도 부인할 수 없다는 것까지도.

나는 분명 이전의 나로 돌아갈 수 있을 것이다. 지금 회복해가고 있는 중이다. 뜻밖에도 정체성의 회복은 새로운 일을 제시하였다.

"너의 경험이, 회복과 구원의 이야기가 단 한 사람의 삶이라도 변화시킬 수 있다면 너의 이야기를 책으로 써봐."

주저하는 내게 글쓰기가 한마디 덧붙였다.

"네가 만난 회복과 구원이 너만의 것이 되어서는 안 되며, 네가 만난 기적도 너만의 것일 순 없어. 용기를 내봐. 넌 할 수 있어!"

모든 작품을 자전적인 경험을 바탕으로 써낸 프랑스 작가 아니 에르노 는 자신의 글쓰기가 궁극적으로 자기를 구원한 일임을 고백하였다.

"난 존재들과 사물들을 대변하는 배우이자 그것들이 존재하는 장소이 며 그것들의 증인이기도 했습니다. 주어진 한 사회와 시간 속에서 그러 한 존재들과 사물들이 사라지지 않도록 구하는 것, 그래요. 난 내가 글을 쓰는 가장 큰 동기가 바로 거기에 있다고 느낍니다. 나 자신의 삶을 구원 하는 방법도 바로 그렇게 얻어진다고 생각하고요."

끊임없이 자신의 정체성을 확인하고, 당신을 건지고, 살리고 구원하는 그곳엔 글쓰기가 있다. 글쓰기를 믿어라. 글쓰기의 힘을 믿어라.

당신의 정체성은 어떠한가. 건강한가? 안전한가? 혹시 당신의 정체성 이 어딘가에서 떼굴떼굴 구르고 있다면, 이 사람 저 사람의 발에 이리 채 이고 저리 채이며 어딘가에서 휘청거리고 있다면, 글을 써라. 꼭 써라. 지금, 당장 당신이 해야 할 일은 당신의 정체성을 찾기 위해 글을 쓰는 것이다. 글을 쓰면 현미경 글쓰기가 속속들이 당신을 들여다볼 것이다. 어느 날 글쓰기는 말할 것이다.

"이게 바로 너야! 잘 봐! 너는 이런 사람이잖아! 이게 바로 너의 정체성이잖아! 똑똑히 보라구!"

당신은 당신이 쓴 모든 글에서 당신의 정체성을 보게 될 것이다. 당신의 주성분을 보게 될 것이다. 당신이 누구인지를 보게 될 것이다. 그렇다면, 보게 된다면, 부인하지 말자. 정체성을 어떻게 속이랴. 정체성을 어떻게 부인하랴. 그것만큼 어려운 것이 세상에 또 어디에 있으랴.

글쓰기야, 나에게 태풍을 보내주렴. 다 날려버리게. 정체성을 헤매게 했던 아픔과 상처, 고통과 절망 따위를 모두 날려버리게.

진짜 자기 계발을 시작하다

BE에서 BECOMING으로!

글쓰기는 정말 힘이 세다. 나는 글을 쓰면서 '나는 누구인가?'에서 '나
는 무엇을 할 수 있을까?', '나는 어떤 사람이 될 수 있을까?'라는 자발적
시험대에 오르기로 마음먹었다. be에서 becoming의 삶을 주목하게 된
것이다. 이전의 나는 현실적 be에 고정화되어 있었다. 물론 크고 작은 도
전이 있었지만 글쓰기를 하면서의 나는 고정화된 be가 아닌, becoming
을 주목하고 도전하게 된 것이다.

이전의 고정화된 be라는 틀에서 becoming이라는 창조적인 움직임! 정
적인 존재의 '나'에서 무엇인가 다른 존재가 되어가려는 움직임! 나는 과
거의 모든 것을 딛고 일어서려는 신선하면서도 충격적인 변화를 내 안에
서 확인하였다.

나는 분명 도전하려고 했었고 진취적인 삶을 살기를 원했던 사람이었

지만, 돌이켜보니, 그 도전이라는 것은 내 안에 이미 형성되어 있는 be라는 고정화된 틀 안에서의 소극적인 것이었다. 나의 생각, 성격, 환경들에 의해 발목이 잡힌 채 적극적으로 나를 도전시키지 못하는 어떤 틀 안에서의 그런 소극적인 도전.

본의 아니게 우리는 이런 고정화된 틀에 발목이 잡힐 수가 있다. 두려운 것은 그것이 진리인 양, 그것이 나에 대한 전부인 양, 그것이 진짜 나의 가능성의 한계치라고 믿는 것에 있다. 어떤 경우에도 고정화된 틀은 단단하기 때문이다. 억울하지 않은가? 분명 아닌데, 분명 더 있는데 말이다.

문제는 be라는 내 안의 고정화된 틀을 인식하지 못하는 안타까움과 그 틀을 뛰어넘는 근본적인 방법을 알지 못하는 것에 있다. 나는 치열하게 글을 쓰면서 고정화된 틀을 뛰어넘어 한계치에 도전하려는 움직임을 느꼈다. 자기 혁명과도 같은 becoming의 진짜 자기 계발을 시작한 것이다.

구본형은 『나는 이렇게 될 것이다』에서 말했다.

"자신의 가능성을 가지고 최고의 작품을 만들어내는 것, 이것이 바로 한 변화의 주체가 자신의 전 역사를 통해 성취해야 할 필생의 프로젝트라 할 수 있다."

그렇다. 나는 글을 쓰면서 나에 대한 가치를 발견하였고 그 가능성에 주목하며 자기 혁명과도 같은 be에서 becoming으로의 변화를 시작하였다. '나는 무엇을 할 수 있을까?', '나는 어떤 사람이 될 수 있을까?'를 생각하며 최고의 작품을 만들어내려는 움직임이 시작된 것이다.

벤저민 프랭클린은 이렇게 말했다. "당연히 해야 할 일은 반드시 해야 되겠다고 결심하라. 그리고 결심한 일은 반드시 실천하라!" 지당하신 말씀이다.

내가 나로 살아가기 위해서 가장 본질적인 질문을 하고 답을 구하는 것은 글을 쓰는 것이다. 내 안에 뭐가 있는지 살펴보고 그렇게 발견한 것으로 나 자신을 발전시키는 것이다. 사실, 전혀 몰랐던 것은 아니다. 문제는 그것을 어떻게 꺼내고 정리해서 활용해야 할지를 몰랐던 것이다. 내 안에 있는 것들을 제대로 볼 수만 있었어도, 내 안에 있었던 것들을 용기 있게 꺼낼 수만 있었어도, 나는 달랐을 것이다. 나는 글을 쓰면서 내 안에 있는 것들을 용기 있게 꺼내어 정리하고 활용하는 일들을 시작한 것이다.

분명, 당신에게도 보물이 있을 것이다. 궁금하지 않은가. 그렇다면 글을 써라. 무엇이 발견될지, 발견된 그 보물이 어떤 일을 이룰지 아무도 알 수 없지만, 당신이 캐낸 보물들은 레고가 되어서 새로운 창조물들을 쏟아낼 것이다.

사람은 변하지 않을까?

청소년 시절, 목사님의 설교는 오랜 세월이 지나도 잊혀지지가 않는다.

"세상에는 단 하나 변하지 않는 것이 있습니다. 무엇인지 아십니까?"

나는 예수님의 사랑이라고 생각했으나, 아니었다.

"세상에서 변하지 않는 유일한 것은 사람입니다. 사람은 변하지 않습니다."

세상에나! 이 답변은 충격이었다. '사람은 변하지 않는다니! 사람 참 무섭구나, 사람 참 질기구나.' 목사님이 말씀하신 충격적인 이 명제는, 관계 가운데 사람을 이해하는 참인 명제로 아주 오랜 시간 머물렀다.

글을 쓰면서, 변하려 드는 나와 사람은 변하지 않는다는 충격적인 명제가 충돌하며 힘겨루기를 하는 때에 나는 『그릿』을 만났다. 결론부터 말하자면 사람의 성격은 변한다고 한다. 많은 연구 결과 사람들은 인생 경험이 쌓이면서 성실성, 자신감, 배려심, 평정심이 발달한다고 한다. 이런 변화는 20대와 40대 사이에 주로 찾아오지만, 사는 동안 계속되며 전반적인 성격 변화는 인생 경험의 영향을 더 많이 받는다고 한다. 그렇다면 인생 경험이 정확히 어떻게 성격을 변화시키는가. 사람은 이전에 몰랐던 내용을 배웠을 때와 필요한 상황이 되었을 때 확실히 변한다는 것이다.

그렇다면 나의 변화, be에서 becoming으로의 변화는 자연스러우면서도 마땅한 것이다. 이전에 잘 몰랐던 진짜 나를 배웠다는 것과 내가 배운 나를 통해 becoming을 꿈꾼다는 것! 다시 말해 나는 변해야 하는 때를 맞이했으므로 변하는 것이라는! 나는 나의 변화를 이렇게밖에 설명할 수 없다.

나는 특별하지 않았다, 하지만 이루어냈다

잊지 못하는 대학원 시절의 에피소드가 있다.

"문희 씨, 음악학에 A+가 한 사람 있다는데 누군지 알아?"
선뜻 대답을 못 했다. 나였기 때문이다.

"저예요."
"어머머머, 자기였어!"

선배는 깜짝 놀라며 내 어깨를 토도독 치더니 위에서부터 아래까지 쭉

훑었다. 그때 알았다. 다른 사람들의 눈에 나란 사람이 어떻게 비치는지. 물론, 그때의 나는 허리 수술로 간신히 학교를 다닐 때이기도 했으며 30대 초반까지의 나는 모든 것이 불완전한 결핍의 시간이었기에 당연한 것으로 받아들인다.

생각해보면, 나의 시작은 늘 연약했으며 특별하지 않았다. 사람들의 판단 기준이 되는 스펙 또한 그저 그렇다. 그러나 어떤 상황에서도 끝까지 그 일을 진행한다거나 어떤 모양으로도 결과물을 내는 사람은 나였다. 대단히 화려하거나 거창하게 무엇을 가지고 있지는 않아도 끝까지 해내려는 열정과 집념의 끈기가 있었다.

나는 글을 쓰면서 알았다. 이런 시작에서 그래도 크든 작든 많은 것을 이루어냈다는 것을. 그리고 지금, 내 앞에 있는 보물들을 바라보며 be에서 becoming을 꿈꾸고 있다는 것을.

사실, 모든 자기 계발의 시작은 나 자신을 아는 것에서 출발해야 한다. 나를 정확히 알아야 제대로 나를 발전시키고 계발시킬 수 있는 게 아니겠는가. 내가 가지고 있는 것은 무엇인지, 나의 장점은 무엇이고 부족한 부분은 무엇인지 말이다.

자기경영의 대가인 공병호는 인생의 반환점을 도는 시점에서 자신이 살아온 삶을 점검할 요량으로 글을 썼다. 지금까지 무엇을 성취했고, 무엇에 실패했고, 무엇이 아쉬웠는지, 앞으로 무엇을 해야 하는지. 무엇보다 나 스스로를 알고 싶다는 욕심에서 출발했다고 한다. 자기 발견을 위한 글쓰기였던 것이다. 그는 자신이 누구인지 알아야 나아갈 길을 찾을수 있다고 여겼다. 그러면서 호모 크리에이터스 즉, 생산하고 기억하는 인간이 되는 것이 인생의 사명임을 깨닫게 되었다. 소비하는 삶이 아닌 생산하는 삶 말이다.

그렇다. 이전에 잘 몰랐던 나를 발견한다는 것은 마치 잠자고 있는 몸의 모든 세포를 깨울 만큼의 강력한 힘을 생성시킨다. 느끼고 싶지 않은가. 글을 쓰면 된다. 글쓰기는 사람을 변하게 하며 이 변화는 자기 자신을 계발시키려는 긍정적이며 혁명적인 놀라운 힘을 지닌 것이다. 나의 성품, 끈기, 창의성에 믿음을 보이며 be에서 becoming으로의 변화를 꿈꾼다는 것, 놀랍지 않은가. 글을 써라. 당신은 이제껏 어디서도 느끼지 못했던, 어디서도 만나지 못했던 에너지를 발산하며 becoming을 꿈꿀 것이다.

헨리 밀러는 성장은 뜻밖의 어둠 속에서 도약할 때 이루어진다고 하였다. 그렇다. 내게는 너무도 가혹했던 시간, 나는 치열하게 글을 썼고 뜻밖의 becoming을 만났다.
이 모든 것에는 글쓰기가 있었다. 글쓰기가 아니었다면 불가능한 일이었다. 그렇게 깨기 어려웠던 자아 정체성이라는 틀을 깨고 세상에서 가장 변하기 어려운 것이 인간이라는 그 무시무시한 학설을 깨고 나는 becoming을 주목하게 된 것이다.

이제, becoming을 주목하는 이 대열에 당신이 들어올 차례이다. 글을 써라. 얼마 지나지 않아 당신은 분명 이전과는 다른 곳을 볼 것이다. 당신이 이전에 생각했던 당신이라는 사람은 가고 없으며 당신이 be라는 틀에 꽁꽁 가둬놓았던 당신이라는 사람도 없다. 오직 becoming! becoming만이 당신을 기다릴 것이다.

becoming! 이것을 가능케 하는 것은 오로지 글쓰기다. 글쓰기는 아주 아주 힘이 세니까.

단단하게 버티는 힘을 키우다

책 읽기는 나를 완전히 구원해주지 않았다

사람은 어떤 큰일을 경험하고 나서야 내가 어떤 사람인지 확연히 드러
난다고 한다. 계획했던 것과는 전혀 다른 이상한 모양으로 일을 그만두
고 나서 나는 정신을 차릴 수가 없었다. 물론 마지막까지 소신을 지키며
흔들리지 않으려 애썼지만, 그 이후의 나는 쩌억 쩍 갈라지며 허물어지
는 내면의 비명소리에 귀를 틀어막아야 했다.

나에게 유일한 취미가 있다면 아주 어려서부터 서점을 들락거리는 것
이었다. 내게 대형 서점은 문화센터요, 문화광장이요, 만남의 광장이요,
놀이터였다. 그곳에는 갓 출판된 책에서 새어나오는 마르지 않은 잉크
냄새가 있었다. 병풍처럼 펼쳐진 책꽂이에는 오색찬란한 수많은 이야기
들이 있었다. 갓 나온 빵에서 나오는 화려한 풍미와는 다른 것이었지만
코끝을 스치며 간질이는 수상한 글 내음은 언제나 나를 반겼다. 정돈된

듯 깔끔한 분위기도 좋았다.

거의 매주 한 번 정도는 꼭 서점에 들러 새로운 책들과 인사하며 대화하는 것이 유일한 즐거움이었으니까. 이런 즐거움의 시작은 책을 가까이하는 사람으로 살게 하였고 시간이 쌓임에 따라 책과 나 사이의 진한 우정은 더 깊은 신뢰와 믿음으로까지 발전하게 되었다. 내가 보낸 신뢰와 믿음은 이런 것이었다.

'너는 살면서 어떤 문제에 부딪힐 때마다 나를 도와주겠지? 짠! 하고 나타나는 슈퍼맨? 원더우먼? 아니, 최소한 온몸이 근육으로 빵빵한 뽀빠이 정도는 되어주겠지? 나를 구원해주겠지?'

나는 믿었다. 단, 그 일이 있기 전까지.

사랑하는 일을 이상한 모양으로 그만둔 사건은 분명 큰일이었다. 우두둑 꺾이며 비명을 지르는 통에 잠을 자는 것도 평범한 일상생활을 하는 것도 사실 어려웠으니까. 세상의 모든 문제, 내게 닥친 모든 일들을 책으로 해결하려 했던 것은 아니었지만 요란한 굉음을 내며 부서지는 마음의 산사태 앞에서 그동안 읽었던 책들은 두 손 두 발을 들었다. 내 눈치만을 살피며 우물쭈물하더니, 결국에는 이 아픔만큼은 견디지 못하겠노라며 도망을 치는 것이 아닌가! 그토록, 그토록 믿었던 자기 계발서들인데!

그 앞에서 나는 얼마나 발을 동동 굴렀던가. 꿈꾸던 성공이 바로 눈앞이라는 자기 계발서 앞에서 얼마나 몸살을 앓았던가. 얼마나 큰 믿음을 보였는가 말이다. 속수무책이었다. 나는 그냥 널브러져 있어야 했다.

책을 읽는다는 것이 부질없다거나 해서는 안 되는 일이라든가 그런 뜻이 아니다. 무언가 단단해지는, 든든한 힘, 버티는 힘, 내면의 힘이 생기고 마음의 근육이 단단해지는 것은 분명 느낄 수 있었다. 어찌 소용이 없었겠는가. 분명히 생겼다. 감사한 일이다. 그러나 마음의 산사태 앞에서 그들은 몸을 낮추고 입을 닫았다. 그리곤 아무런 말이 없었다.

글쓰기는 속 근육을 채운다

나는 치열하게 글을 쓸 때, 참으로 기묘한 일을 목격하였다. 내가 쓴 글들이, 아닌 것들, 필요 없는 것들을 다 헐어내고 그 자리에 자신들이 딱풀에 발라져 척추 중심부터 단단하게 붙여지고 있는 것이 아닌가. 속 근육부터 뭔가가 차곡차곡 채워지는 느낌, 촘촘히 발라지는 느낌이랄까. 왠지 모르게 처음부터 완전히 다시 시작되는 느낌이 들었다.

그렇다. 굉장히 특별한 일이 벌어지고 있으며 살면서 한 번도 느껴보지 못한, 성경 에스겔서 말씀에 나오는 마른 뼈들이 살아나는 듯한 엄청난 일이 벌어지고 있는 것을 느낄 수 있었다. 글쓰기는 그의 반듯하고 논리적이며 강단 있는 성품으로 내면의 힘을 키우고 있었던 것이다. 쓸데 없는 것, 불필요한 것들은 다 헐어내고 뼛속까지 내려가 직접 쓴, 진정성 있는 글로 내면을 다시 키우고 있었던 것이다.

나탈리 골드버그는 말했다.

"내가 주장하는 것은 언제나 단 하나다. 자신의 느낌을 믿어라! 자신이 경험한 인생을 신뢰하라. 뼛속까지 내려가서 내면의 본질적인 외침을 적어라!"

나탈리는 자신을 깊숙이 들여다보며 내면의 본질적인 것들을 글로 쓴다는 것은 세상과 자신에 대한 마음을 지속적으로 여는 것이며 자기 내면의 목소리와 스스로에 대한 믿음을 키워 나가는 과정이라고 하였다.

분명 자신을 알고 이해하기 위해서는 자신의 내면을 이해하고 분석할 필요가 있다. 글쓰기가 가지고 있는 힘이 바로 이것이다. 글쓰기는 자신의 내면을 이해하고 자기를 분석하는 과정에서 스스로 답을 찾게 하는 힘이 있으며, 더 놀라운 것은 내면 깊숙이 자리 잡고 있는 상처들을 들여다보게 하고 회복시키는 특별한 힘이 있다는 사실이다.

나는 치열하게 글을 쓰면서 세상 가운데 나 자신을 분명하게 정의할 수 있었으며 무언가 벅차오르는 명제를 얻을 수 있었다. 글쓰기는 아픔과 분노와 절망감에 쓰러진 나를 돌보았고 이해시켰으며 결국, 나란 사람을 다시 세웠다.

당신의 내면은 어떠한가? 안전한가, 건강한가? 혹시 버티는 중이라면? 의지와는 상관없이 당신의 시간이 멈추어 있다면? 어떤 이유에서라도 이 책을 들었고 읽고 있다면 버티는 힘을, 내면의 힘을 키우고자 하는 마음이 있는 것이 아니겠는가? 그렇다면 주저하지 말아라. 노트를 펴고 펜을 들든가 블로그를 개설하든가 일단 시작해야 한다.

주저할 이유가 없지 않은가. 내일부터 쓰겠다고? 오늘까지만 먹고 내일부터 시작하는 다이어트는 성공할 수 없다. 미룰 이유가 없지 않은가. 당장 시작하라. 쓰면 달라진다. 쓰면 내가 보이고 확실해지고 내가 쓰는 글이 나를 이끈다. 한 걸음 더 나아가 새로운 나를 만나며 무언가 심연으로부터 흐르는 평안과 이전에 느끼지 못했던 기운과 호흡을 발견하게 될 것이다. 지금 당장 이 책을 덮고 왜 써야 하는지, 당신 가슴에 단 한 문장을 써보자. 그것이 당신이 글을 써야 하는 진짜 이유가 될 것이다. 그 한 문장이 당신을 어떻게 할지 나는 모르지만 글쓰기는 잘 알고 있다. 그러니 글쓰기의 힘을 믿어라.

지금 우리는 변화무쌍하며 예측 불가능한 시대를 살고 있다. 당신과 내가 사는 세상이 그리 만만하지 않다는 것쯤은 서로 말하지 않아도 알고 있는 내용이다. 삶의 모퉁이마다 누가 들여다 놓았는지 알 수 없는 돌부리들이 얼마나 많은가. 문제들이 얼마나 많은가 말이다. 우리가 살아가는 이 세상에서 나 자신을 견디고 이기며 지키고 키워가기 위해서는 내면의 힘을 키워야 한다. 다시 용기를 내어보자. 힘을 내어보자.

믿음과 용기를 가지고 글쓰기를 시작해보자. 글을 쓰면 글쓰기가 당신의 내면을 단단하게 하며 당신을 성장시킬 것이다. 글쓰기가 당신을 어루만질 것이며 당신의 고통을 보듬으며 당신의 눈물을 닦아줄 것이다. 글쓰기는 어떠한 상황에서도 당신을 배신하지 않을 것이며 슬금슬금 눈치만을 보다가 보따리를 챙기고는 어이없게 도망쳐버리는 그런 일은 없을 것이다. 글쓰기가 가진 절대 사랑과 무한한 힘의 가치를 당신이 꼭 보기를 바란다.

글을 써라. 꼭 써라. 그리고 글쓰기의 힘을 믿어라. 당신이 세상 가운데서 가장 신뢰하고 믿음을 보일 것은 글쓰기이다. 글쓰기에는 당신의 내면을 건강하고 단단하게 하는 힘이 있기 때문이다.
슈퍼맨을 원하는가? 원더우먼을 원하는가? 글쓰기라면 가능하다. 그리고 글쓰기의 힘을 믿어라.

해낼 수 있다는 용기가 생기다

그래, 그래서 어쩌라고?

잠을 설쳐서인지 이른 새벽에 일어나 손에 잡히는 대로 책을 폈다. 혜민 스님의 『완벽하지 않은 것들에 대한 사랑』.

"인생의 전환점은 좋았을 때보다 어렵고 힘들었을 때 혹은 궁지에 몰리거나 고생이 심했을 때 옵니다. 그때 내가 더 크게 성장하고 변화의 용기를 냈던 것 같아요. 시간 지나고 보면 힘들었을 때가 나에게 약이었어요. 지금 약 드시는 분들 힘내세요. 파이팅!"

다음 장에서는 내가 느끼는 열등한 부분에 대고 '그래서 어쩌라고?' 하고 한 번 외쳐보라고 한다.

'나 좀 못생겼다. 그래서 어쩌라고?'

'집 좀 가난하다. 그래서 어쩌라고?'

이렇게 인정해버리고 나면 분한 마음이 올라오면서 열등한 요소를 치고 올라가려는 용기가 나온다고. 한계를 극복하고자 하는 나도 모르는 내면의 힘이 나온다고.

심호흡을 크게 한번 해본다.
'그래, 나 일 그렇게 그만뒀다. 그래서 어쩌라고?'

'나는 누구인가?'에 대한 답

유시민 작가는 『어떻게 살 것인가』에서 자기다운 삶으로 들어서는 길의 시작을 '나는 누구인가?'에 대한 답을 찾는 것이라고 했다.

'나는 무엇인가? 나는 누구인가? 어떻게 살아야 하고 죽는 것이 좋은가? 의미 있는 삶, 성공하는 인생의 비결은 무엇인가? 품격 있는 인생, 행복한 삶에는 어떤 것이 필요한가?'

김영하 작가는 이 질문에 지금 당장 자신의 노래를 시작하라고 한다. 만약 글을 쓰는 것이 당신이 놀이라면 이렇게 시작하라며. "잘 쓰려고 하지 말고 당신의 즐거움을 위해서 써라. 글쓰기가 즐겁다면 그것은 글쓰기가 우리를 해방시키기 때문이다. 중요한 것은 자기를 억압하고 있는 것들에 대해 자유롭게 발언하는 것이다."

자신을 이해하고 자유를 찾기 위해서 우리는 노래를 해야 한다. 끈질기게 나의 머릿속을 따라다니는 상처, 아픔, 고통, 절망감. 그리고 그 누구도 결코 자유로울 수 없는 타인의 시선에서 마음이 노래를 시작해야 하는 이유는 자신을 구속하는 그 어떤 것에서 보다 자유로울 필요가 있기 때문이다.

김영하 작가가 말하는 이 노래는 자기 자신을 알고, 이해하고, 성숙하게 하며 깊은 행복과 만족감을 누리게 한다. 이 노래는 어떤 어려운 상황에서도 자기 자신을 사랑하며 지켜내려는 용기와 객관적이며 균형감을 잃지 않으려는 지혜를 소리 높여 부르게 한다. 우리는 마지막 소절에서 내가 부르는 이 노래가 나의 삶을 자유롭게 하며 당당하게 누릴 수 있게 한다는 것을 깨닫게 될 것이다.

글을 쓴다는 것은 나의 삶을 되돌아보며 결국 '나는 누구인가?'라는 본질적인 질문에 답을 내는 것이었다. 나라는 사람의 정체성을 확인하며 나를 발견하고 나를 알아가는 과정이 때론 낯설고 어색했지만 나는 분명하고도 구체적인 어떤 답을 내고 있었다. 나라는 사람은 어떻게 구성되어 있는지, 나란 사람이 가지고 있는 반짝이는 가치는 무엇인지, 나란 사람은 반짝이는 그 가치를 가지고 무얼 하기 원하는지 말이다.

자신이 가야 할 길을 아는 자는 두려움이 없다고 한다. 자, 이제 우리는 자신의 노래를 시작해야 한다. 자신을 발견하고, 어떠한 것에서도 자유함을 누리며 자신의 길을 걸어가야 한다. 가장 중요한 나를 알지 못하면 자신이 궁극적으로 나아가야 할 방향도 꿈도 소망도 찾지 못하기 때문이다.

지난 몇 년간 정신이 아릴 정도로 아팠다. 통증은 쉴 새 없이 영혼을 갉아먹었다. 아찔한 시간. 나는 글쓰기 여행을 떠났고 그 속에서 반짝이는 가치들을 발견했다. 글쓰기는 내게 말했다.

"잘 봐, 이게 너야! 네 안에 이런 것들이 있다고! 네 안에 이런 보물이 있다고! 네 안에 이런 가치들이 있다고!"

나는 정말이지 깜짝 놀랐다. 어느 날 글쓰기는 나를 빤히 쳐다보더니 말을 걸었다. 네 안에 어떤 것들이 있는지 잘 보라고. 네가 가지고 있는 고독과 외로움이 어떻게 변했는지 보라고. 삶 가운데 어떤 능력을 발휘하는지 보라고. 감성적이고 창조적인 너만의 생각들, 언어들을 보라고. 잔뜩 사랑 받고 잔뜩 사랑하며 잔뜩 누리고 싶었던 그 어린 시절의 아쉬움은 독특하며 생각이 남다른 아이로 성장해 있었다.

나는 원래 감성과 열정으로 가득 차 있었다

글쓰기와 함께 둘러본 나란 사람의 모든 시간에는 감성과 열정으로 가득한 에너지가 흐르고 있었다. 살면서 느꼈던 외로움과 고독은 감성과 영감이 충만한 창조적 언어로 변해 있었으며 내가 어떤 사람인지, 내 안에 어떤 가치가 있는지를 말해주고 있었다.

지나온 모든 시간들은, 그 어느 것도 내가 주인공이 아닌 적이 없었으며 그저 소중하고 아름다운 보물 같은 시간이었다. 유쾌한 방에서 풀어내는 재미난 이야기, 치유의 방에서 풀어내는 가슴 절절한 이야기, 과거와 미래의 방에서 풀어내는 가슴 뛰는 이야기들.

나는 글을 쓰며 만족감을 느끼지 못해 힘들었던 지난날의 나에게 사과하고 댓글을 달기 시작했다. 너무 대단하다고. 너무 훌륭하다고. 남 들은 이렇게 못할 거라고. 어떻게 이렇게 했냐고. 글쓰기는 나에게 일어난 모든 것들이 가치가 있었다는 사실을 이해하는 데 도움이 주었다

셰퍼드 코미나스 박사는 말했다.

"살아남은 자들은 모두 자기만의 이야기를 가지고 있다. 그러니 자기 자신으로부터 스스로 등을 돌리지 마라. 치욕스럽고 고통스러운 일들이 결코 일어나지 않았던 것처럼 굴지도 마라. 장애물을 억지로 지워버리고

그것을 백지로 남겨두려고 하지 마라. 당신에게 주어진 선물을 받을 가치가 없는 것처럼 부인하면서 살아가지 마라. 당신이 감당할 목숨도 그런 게 아니다."

당신의 삶에 얽힌 모든 이야기들이 당신 안에 살아서 꿈틀거리고 있는 한 그것들은 당신 삶에서 저주가 아니라 축복이라고 하였다. 맞는 말이다!

살면서 한 번도 생각해본 적이 없었다. 글로써 나의 가치를 발견한다는 것을. 나는 치열하게 글을 쓰면서 뜻밖의 나란 사람의 가치를 발견한 것이다. 글쓰기와 가치 발견이라는 이 특별하고도 신기하고 놀랍고도 아름다운 일을 통해 상처로, 아픔으로, 고통으로 몸서리쳤던 지난 시간은 희미해졌으며, 내게서 꼼짝달싹도 하지 않던 좌절감, 절망감, 모멸감, 수치심은 자리를 비켰다. 그들은 자신들의 영향력을 더는 내비치지 못하며 반짝이는 가치들 뒤로 숨은 것이 아닌가. 그들은 그들의 정체성을 완전히 잃었다.

나는 글을 쓰면서 살아내기 위해 힘겨운 싸움을 하고 있을 내 주변의 사람들과, 안 봐도 보이는 듯 굳이 말을 안 해도 알 수 있는 그들의 생각과 현실이 떠올랐다. 무엇보다 현실에서 실망하지도 도망치지도 말고, 깊이 더 깊이 들어가 자기 자신을 써보라고 이야기해주고 싶다. 평소 어느 것에도 강한 긍정이나 격한 칭찬보다는 균형감과 이성적인 생각을 요구했던 내가, 당신을 위해 글쓰기 여행을 떠나라고 등을 떠밀고 있는 것이다. 가치를 발견한다는 것이 우리 인생에서 얼마나 중요한지를 알기 때문이다.

다시 일어서려는 용기

도무지 알 수 없는, 도무지 용서가 안 되는 지난 시간들은 내게 어떤 의미가 있었던 걸까. 길다면 긴 그 시간을, 치열하게 쓰고 또 쓰면서, 나란 사람의 방방곡곡을 풀어내며 나란 사람을 발견했다며, 이해했다며, 얻은 그 깨달음은 내게 어떤 변화를 선물했을까?

용기! 그렇다. 나는 삶의 곳곳에서 다시 일어서려는 용기를 보았다. 나를 못살게 굴었던 모든 것들을 걷어내려는 용기, 휘청거리는 내 인생을 바로 세우려는 용기. 살얼음판 위를 걷는 듯 불안불안했던 내 인생에 용기를 낸다는 거, 연약함을 인정하며 용기를 낸다는 거. 내 인생에 죽을힘을 다해 이보다 더할 수 없는 용기를 낸다는 거!

분명한 것은 이 용기는 글쓰기라는 노래를 부르며 시작되었다는 것이며 이 기적의 노래는 세상 어디에도 없는 용기를 선물한 것이다.

지금 나는 호주머니에 나란 사람의 가치를 잔뜩 집어넣고 이 가치를 어떻게 사용할 것인가를 기대하고 있다. 해야 할 것인가? 하지 말아야 할 것인가? 늘 계산기를 두드리던 내가, 왕 소심했던 내가, '내게 있는 가치를 가지고 어떤 인생을 어떻게 살아갈 것인가.' 하는 즐거운 고민에 빠진 것이다.

책을 쓰기 위해서는 여러 번의 망설임이 있었으며 많은 용기가 필요했다. '내가 이런 책을 쓸 자격이 있을까?' 고민하는 내게, 스토아학파 철학자 에픽테토스는 이렇게 물었다.

"외부의 시선과 내면의 목소리 어느 쪽에 중점을 둘 것인가?"

모든 인생에게 가장 중요한 이 노래를 위해 지금 너는 용기를 내야 한다는 것이었다. 그래, 용기를 내어보자. 사람들이 마음의 노래를 시작하기를. 인생들이 자신의 노래를 찾아가기를. 이 책으로 인해 그래도 세상이 조금이나마 나아지기를 소망하며 용기를 내어보자.

나는 한 인간에 불과하지만 오롯한 인간이며 나는 모든 것을 할 수는 없지만, 무언가는 할 수 있으므로 시작해보자. 그렇다. 나는 내가 할 수 있는 것을 기꺼이 하기 위해 용기를 낸 것이다.

이제 우리는 마음의 노래를 시작해야 한다. 그레이스 호퍼는 우리에게 가장 큰 피해를 끼치는 말은 "지금껏 늘 그렇게 해왔어."라는 말이라고 하였다. 우리, 노래를 부르며 이 말을 뛰어넘어보자. 글을 쓰며 내 인생의 노래를 다시 시작해보자. 지금 준비해도 늦지 않을 것이다. 용기를 못

내서 시작을 못 하는 것이 문제지, 시작은 언제나 아름답고 가치 있는 것이 아닐까?

이제 글쓰기는 '왕 소심' 여사를 제대로 된 허들 선수로 배출하였다. 글을 쓰면서 왕 소심 여사인 나는, 나에게 기대하는 목표를 가질 때 내 안에 있는 모든 잠재적인 능력들이 일어나고 있는 것을 보았다. 나를 쓰고 나를 배우며 당당해졌으며 이 당당함은 마치 허들 선수가 된 듯한, 무엇이든 뛰어넘을 수 있는 용기가 되어 뭐든 뛰어넘을 수 있게 된 것이다.

글쓰기를 만만히 보진 않았는데 허들 선수까지 시키다니. 나는 현재 허들 선수가 되었다. 몇 년 후에 국가대표 허들 선수가 되어 있을지도 모른다. 나는 지금 뭐든 뛰어넘고 있다.

글을 써라. 꼭 써라. 다음은 당신 차례이다. 우리 당당하게 나가자. 당신에게 있는 그 귀한 가치들을 가지고 당신 인생의 아픔, 고통, 수치심, 두려움, 열등감, 모멸감, 죄책감들을 당당하게 뛰어넘어보자.

나에 대한 신뢰와 믿음이 쌓이다

남의 동네에서 살고 있다고 생각해

재작년 여름, 니코스 카잔타키스의 『영혼의 자서전』을 읽다가 책을 끌어안고야 말았다.

"가장 많은 바다와 가장 많은 대륙을 본 자는 행복할지어다. 집에서 기르는 소처럼 1년을 살기보다는 하루라도 들소가 되라."

사실, 나는 이런 삶을 살고 싶다. 아래는 내가 예전에 썼던 글이다.

"그냥 이렇게 생각하면 돼. 내가 지금 남의 동네에서 살고 있다고."

근황을 묻는 친구에게 이런저런 설명을 하고
이렇게 이렇게 살고 있어 하니

"으……응?" 살짝 어려워한다.

감성과 영감이 자유로이 춤출 수 있는 곳.
남의 동네.

내가 살아 본 적이 없어 어떨까 모르겠다만
결정을 하고 이사를 하니 마음이 이렇게
좋을 수가 없다.

왜 진작 안 했을까?
왜 용기를 내지 못했을까?

이사를 준비하면서 필요 없다고 생각되는 것들은 어느 정도 정리를 하였다.
시간이 없어 미처 버리지 못한 부분은
빠른 시간 안에 정리할 거고.

오랜 시간 절친(?)인 냥 딱 붙어지내던
고민이, 근심이, 걱정이는 이별을 준비하는 게 좋겠지.

'헤어지자, 미련 없이….'
나는 남의 동네에서 잘 살 것이다.

그런데,

감성과 영감은

덩달아 이사 나온 열정과 에너지를 만나

어떤 춤을 추게 될까?

많이 많이 궁금하네.

글쓰기가 아니면 불가능하다

나는 글을 쓰면서 내가 옳다고 믿으며 그렇게 살아내려 했던 모든 것에 이별 아닌 이별을 고했다. 익숙했던 것들과의 이별 아닌 이별인 셈이다.

이제껏 나는, 내일을 위해 오늘을 철저하게 살아내려는 사람이었다. 오늘을 조직적으로 체계화하여 잘 살아내서 우아하고 고상한 어른이 되고 싶었다. 그래서 나는 오늘을, 내일을 위한 지렛대로 살았다. 이것이 내가 산 동네다.

그러나 글을 쓰면서, 삶을 분석하고 나를 객관화시키는 과정에서 이것만이 옳지도 않고, 내가 살아야 할 동네가 아님을 깨달았다. 내가 보고 느끼고 생각했던 모든 것에서, 옳다고 믿었던 모든 것에서, 삶의 방향을 달리해보려는 용기! 다시 말해 삶의 지경을 넓히기로 한 것이다.

곁눈질로 살펴본 남의 동네! 그 속에서 내가 살 수 있을까? 나는 용기를 내었고 그렇게 살아보기로 한 것이다. 글을 쓰지 않았다면, 나의 가치관이나 내가 옳다고 믿었던 그 어떤 틀 안에서의 삶이 전부였을 것이다. 그저 내가 살고 있던 그 동네만이 내가 살아야 하는 동네라며 뒹굴고 뛰어놀았을 것이다. 이곳이 최고라며 말이다. 이것이 내 능력이며 내가 누릴 삶이라며 말이다.

그러나 글을 쓰면서 객관적인 눈으로 나를 살피게 되었고 결국, 좀 비틀어 보기로 한 것이다. 나를 다른 곳에 두어보기로 한 것이다. 내가 살았던 삶의 방향이 아니라, 내가 옳다고 믿었던 그런 삶의 방향이 아니라, 감히 생각하지도 용기를 내지도 못했던 삶의 방향으로 틀어본 것이다. 이렇게 결정을 하고 내 안에 있는 감성과 영감이 또 다르게 뛰어놀 장소를 택한 나는, 과감하게 남의 동네로 이사를 한 것이다.

나에 대한 신뢰와 믿음으로 시작된 남의 동네에서 살아보기! 나는 지금 남의 동네에서 잘 살고 있다. 분명한 것은 남의 동네에서 살아보겠다는 이 결심은 나 자신에 대한 신뢰와 믿음, 건강한 자존감에서 출발하였다는 것. 나에 대한 정확한 이해와 분석, 단단한 마음 근육은 삶에 대한 새로운 도전을 가능케 하였고 남의 동네를 바라볼 만한 마음의 여유와 자신감을 제공한 것이다.

글쓰기가 아니면 불가능하였다. 글쓰기가 나에 대한 신뢰와 믿음을 보여주었기 때문이다. 당신도 한 번쯤 삶에 변화를 주고 싶을 때가 있었을 것이다. 이 글을 보고 '남의 동네? 나도 한번 살아보면 어떨까?' 호기심이 생길 수도 있다. 분명한 것은 남의 동네에서 살아보기의 도전은 글을 쓰면 시작된다.

다음은 그때 쓴 글 중의 일부분이다.

살아온 날 들과 남아 있는 시간들에 대해
얼마나 많은 생각을 했던가.
어느 샌가
무심히 지나쳤던
내 기질상 옆 동네 이야기 같았던
'원하는 것'과 '지금'이라는 단어가
내 것이 아닌 듯한 어색함을 뒤로 하고는
찾아왔다.

'지금 원하는 것'이라….
생경하다.

우연히 방송에서 차인표 동생의 이야기를
듣게 되었다.
자랑스럽고 사랑했던 동생이

암으로 6개월 만에 세상을 떠났다고 한다.

차인표는 그 동생에게 한번도 '사랑해.'라는 말을

해본 적이 없다고 한다.

사랑하는 동생이 떠나고

그의 인생은 right now!

사랑한다면 그 고백을,

무언가를 하고 싶다면 바로 실천하는

right now의 인생이 되었다고 한다.

친구가 전화 끝에 "열심히 살아야겠어." 한다.

"수진아, 나는 재밌게 살 거야!"

고정관념이라는 딱딱한 껍질을 두르고 있는 우리의 생각과 가치관이, 삶의 방향이 변화한다는 것은 얼마나 어려운가. 우리는 옳다고 생각하는 방향대로 산다. 나이가 들면서는 더 확고하게 그렇게 살려고 한다. 그래서 안타깝게도 꼰대라는 소리를, 독재자라는, 벽창호라는 말을 듣는 사람도 있지 않는가. 글을 쓰자. 글쓰기가 피할 길을 열어준다.

남의 동네 살아보니 이전 동네와 공기가 다르다. 나는 살짝 흥분한 상태고 글을 쓰며 만반의 준비를 하였기에 다른 동네에서 사는 것이 어색해하거나 불편하지는 않다. 민첩하고 재빠르게 남의 동네에 잘 적응하고 있는 중이다.

그렇다. 글쓰기의 놀라운 힘은 다른 동네에서 살아보겠다는 결심 즉, 삶의 지경을 넓히겠다는 강력한 의지와 새로운 나를 받아들이겠다는 새롭고도 신선한 움직임을 선사했다. 얼마나 감사한 일인가. 글을 쓰지 않았다면 나는 분명 반쪽짜리 인생이 되었을 것이다.

길고 긴 인생이라는 무대에서 하나의 배역에 그치고 말았을 것인데 여러 인생으로 살아본다는 것, 다른 무대에서 살아본다는 것은 얼마나 감사한 일인가. 이런 훌륭한 결정을 하게 한 글쓰기에 진심으로 감사하다.

글의 씨를 뿌려 새로운 세상을 열다

마음속에 뿌려진 씨앗은 언젠가 열매를 맺는다

글의 씨를 뿌리면 내 안 어딘가에서는 결국 열매를 맺는다는 것을 아는가? 어느 날 문득 몇 년 전, 정성을 다해 쓴 내레이션을 떠올리며 무언가 풀리지 않던 의문에 대한 답을 눈치 채기 시작했다. 그때 쓴 단 한 장짜리 내레이션이 나를 돕고 이끌고 있었던 것일까?

여러분, 빛 가운데로 나오십시오….
비록 우리의 지상 여정이 때로는 어두운 골짜기를 걷는 것 같을지라도 언제나 소망의 빛 앞으로 나올 수 있기에 기뻐합니다. 오늘 이 시간, 바로 이 순간, 여러분 모두 빛 가운데로 나오십시오.

사실, 글을 쓰면서, 정확히는 내가 쓴 글들을 보면서 몇 가지 의문을 품고 있었다. 나는 어둠에 갇혀 있는데 글은 왜 이리 밝은가. 나는 잿빛 하늘을 머리에 이고 있는데, 글은 왜 이리 선하고 아름다운가. '나는 죽어도 괜찮은데.'를 매일 생각하는데 내가 쓴 글은 어째서 내일의 메시지를 선명하고도 분명하게 이야기하고 있는가 말이다.

물론 어둠의 내용도 있었지만, 대부분의 글에서 소망과 희망, 즐거움과 유쾌함, 치유와 화해, 비전과 미래가 보였다. 내가 쓴 글들은 계속해서 어떤 빛을 향해 나아가고 있었다. 이도 저도 아닌, 끝을 알 수 없는 터널 속에서도 계속해서 어떤 빛을 향해 나아가고 있었던 것이다. 앞에 놓인 것들을 걷어내고, 어둠을 걷어내며 한 줄기 밝은 빛을 향해 계속해서 나아가고 있었다.

처음에는 이 사실을 몰랐다. 문득, 까마득한 기억 저 밑바닥에 흐르는, 마음을 다해 세상에 간절함의 메시지를 목청껏 외쳐 전달하려고 했던 그때의 "밝은 빛 가운데로 나오십시오."라는 칸타타, 내레이션이 생각난 것이다.

아, 몇 년이나 지난 그때 그 칸타타의 간절함과 감동이 아직까지도 내 안에 살아 있다니! 그 간절함의 불씨가 꺼지지 않고 지금까지도 살아 있다니! 어떻게 지금, 이 시간 간절한 마음으로 썼던 그때 그 내레이션이 기억날 수 있단 말인가.

내가 스치듯 지나온 그 작은 점인 짧은 글, 내레이션 하나까지도 내 안에 뿌려진 글의 씨는 결코 아무것도 아닌 것이 아니었다. 한 사람의 생명을 위해 부지런히 발아하고 열매를 맺고 있었던 것이다.

그렇다. 짧은 메모든, 감사 일기든, 음악 감상문이든, 독후감이든, 혹은 연애편지든, 내레이션이든, 기도문이든 살면서 써왔던 모든 글은 나라는 사람의 인생에 뿌리를 내린다. 나라는 사람을 떠나 어디론가 사라져버리지 않는다. 글의 씨앗을 뿌려보자.

시간이 지나고 세월이 지남에 따라 이 씨앗은 발아가 되고 열매를 맺을 것이다. 열매가 필요한 상황이 되면 고개를 빼꼼히 내밀 것이다. 그리곤 자신의 존재감, 자신의 열매를 드러내며 결정적인 한마디를 꺼낼 것이다.

"내게 이런 열매가 있으니 걱정하지 마, 내가 너를 도와줄 수 있어. 나를 믿어!"

아, 나는 정말이지 깜짝 놀랐다. 몇 년이나 지난 단 한 장짜리 내레이션까지도 나를 살리려고 그리도 애를 쓰고 있었다니! 어떻게 이런 일이 있을 수 있단 말인가.

내가 뿌린 글의 씨는 열매를 맺고 있었다. 그 열매는 지금의 나를 일으키고 살리려고 계속해서 밝은 빛을 비추며 반짝반짝 사인을 보내고 있었던 것이다.

조금씩 멀쩡해지고 있다

지난한 시간들을 반추하며

서성거리는 지금, 이 새벽, 이 거실….

알 수 없는 길을 걷고 있다, 생각했다.

끝을 알 수 없는 터널을 지나고 있다, 생각했다.

가끔은 용기 내어

터널의 끝에는 반짝이는 빛이 있을 거야, 라며

그 빛을 만나길 설레기도 하였다.

혹시 이렇게 되기까지 내 실수는 없었을까.

들여다볼 용기가 없었다.

어떠한 질문도 내게 던지지 못하고

그저 벽만 보고 있어야 했던 시간들…….

생각해보면 터널의 끝에는 늘 밝은 빛이 있었다.

비록 이도 저도 아닌

끝이 안 보이는 긴 터널을 지나고 있지만

그 빛은 이 터널의 끝에서도 반짝일 거야.

그 빛을 얼른 볼 수만 있다면.

내가 글로 썼다는 것은 내 안에 씨를 뿌리는 것과 같다. 내 삶 어딘가에 씨를 뿌리는 것과 같다. 그리고 그 글의 씨앗은 분명 언제, 어디에선가 어떻게든 열매를 맺는다. 반드시 그렇다.

글의 씨앗을 뿌려보자

나는 치열하게 글을 쓰면서 내가 뿌린 글의 씨앗이, 내가 쓴 글들이 무슨 일을 하고 있는지를 보았다. 그들은 내 인생에 아주 직접적이면서도 구체적으로 개입하며 상당히 체계적이며 충만하기까지 한 믿음으로 일하고 있었다.

글을 쓰며, 어디로 가고 있는지 모르겠는 내 인생이 새로운 세상을 만난다는 것. 섬세하며 감성적인 나의 예민함의 그 무엇까지도 새로운 세상을 만난다는 것, 부정적이며 온통 회색빛, 나의 애매함의 그 무엇까지도 힘을 얻어 새로운 세상을 만난다는 것. 그렇다. 내가 쓴 글들은 나라는 사람의 인생에 스며들어 새로운 세상을 꿈꾸고 있었다.

글을 써라. 꼭 써라. 혹시라도 당신이 이 장을 읽으면서 자신의 상황이 부정적인 것으로 꽉 차 부담되는가? 부정적인 씨앗이 걱정되는가. 걱정하지 마라. 손맛 뛰어난 글쓰기는 부정을 긍정으로, 어둠을 빛으로 휙! 바꿀 수 있는 울트라 파워 급의 능력이 있다. 왜냐하면, 글쓰기에는 기적

이 살고 있기 때문이다. 걱정하지 말고 써라. 꼭 써라. 분명 당신은, 당신
이 뿌린 글의 씨앗이 어떤 열매를 맺을지를 기대하며 사는 새로운 세상
을 열게 될 것이다.

　자, 이제 당신 차례가 되었다. 글의 씨를 뿌려보자. 당신 인생에 소멸
되지 않으며 변하지 않는 글의 씨앗을 뿌려보자. 그리고 그 글의 씨앗이
어떤 열매를 맺는지, 당신 인생을 어떻게 변화시키는지 두 눈을 크게 뜨
고 지켜보자. 당신은 깜짝 놀랄 것이다. 자, 이제 글의 씨를 뿌리자. 당신
인생은 글의 씨를 뿌리는 바로 지금, 새로운 세상을 시작할 것이다. 이것
이 글쓰기의 힘이다.

나의 몸과 마음의 치유를 받다

고통과 시련이 나를 찾아오다

이 세상에 고통과 시련이 없는 삶이 있을까. 그런 사람이 있다면 참 좋겠다. 아무리 물질이 많고 명예와 권력이 있다 하여도 어느 날 갑자기 불쑥 찾아오는 정신적, 육체적 어려움은 우리의 삶을 마구 흔들며 패대기칠 수도 있고 질질 끌고 다닐 수도 있다.

턱밑까지 숨이 차 헉헉거릴 정도의 고통이라면, 몸이 부들부들 떨리며 정신이 아뜩해질 정도의 아픔이라면, 숨이 막혀 얼굴이 백지장으로 변할 정도의 상처라면, 나 자신도 감당할 수 없을 정도로 심각하게 차오르는 분노가, 미쳐버릴 것 같은 트라우마가, 내 영혼을 갉아먹는 듯한 괴팍한 시간이 멈추질 않고 있다면….

슈바이처는 고통은 죽음보다 더 무서운 인류의 지배자라고 하였다. 고통을 피하기 위하여 자살하는 사람들이 그토록 많은 것을 보면 고통은 죽음 못지않게 아니 오히려 죽음보다 더 심각할 수 있다는 이야기 아닌가. 지난 몇 년간, 나에게 찾아온 이 막가파 고통의 문제로 감히 하나님의 존재를 부정한 것은 아니었으나 '저는 아무것도 모릅니다. 아무것도 생각나지 않습니다. 그러니 아무것도 묻지 마세요.'라며 꼭꼭 숨었다. 나는 신앙인이길 버린 것은 아니었으나 그냥 외면하였다.

팀 켈러는 『고통에 답하다』에서 고난으로 신앙을 떠나거나, 고난으로 하나님을 만나거나, 고통의 문제는 정말 고통을 경험한 사람만이 경험할 수 있는 아픔이라고 하였다. 그래서 우리는 어떠한 고통의 문제라도 쉽게 판단하거나 정의할 수 없어야 한다고 했다. 팀 켈러에게 고맙다는 인사라도 해야 하나? "당신만이 내 마음을 이해해주시네요. 고맙습니다." 재작년 이맘때쯤 광화문에서 『고통보다 깊은』을 만났다. 스위스의 내과 의사, 정신의학자였던 폴 트루니에는 『고통보다 깊은』에서 고통은 일상성의 껍질을 부수고 창조적인 삶으로 들어가는 관문이라고 하였다.

'창조적 삶? 고통이? 고통이 창조적 삶으로 가기 위한 필수라는 건가?'

처음부터 숨이 헉헉 막혔다. 나뿐만이 아닌 누구라도 이해하기도 받아들이기도 어려운 일 아닐까. 나는 '창조적인 삶'이라는 문구에서 빈정이 상했던 것 같다. '뭐가 창조적인데!' 우스웠다. '당신이 뭘 안다고, 당신이

통증을 알아? 트라우마를 알아? 뭘 안다고! 뭐 이런 거지발싸개 같은 말이 다 있어!'

이때의 나는 통증으로 몸을 부르르 떨며 강남의 병원을 쓸고 다녔었다.

그러나 나는 글쓰기라는 아주 독특하고 매력적이며 특별하게 세련된 세계에 빠져들면서 나를 분노케 한 이 '창조적인 삶'에 대한 분노가 스르르 스르르 눈 녹듯 녹았다. 이 짧은 문장이, '고통이 창조적 삶으로 들어가는 관문'이라는 이 난해하고도 어이없는 짧은 문장이 이해가 되기 시작했다. 나를 분노케 한 이 짧은 문장이, 이 잔인한 문장이 이해가 되다니! 놀라웠다. 그리고 이 문장은 내 안에서 서서히 변화의 움직임을 일으키며 큰일을 준비하고 있었는데 그 끝은 완벽하고 충만했다.

책 이야기를 조금 더 하겠다. 폴 투르니에는 우리는 고통과 싸워야 하며 그 앞에서 어떻게 반응하는가가 중요하다고 하였다. 그러면서 "너는 어떻게 할 거니?"라고 묻는다. 즉 "긍정적, 적극적, 창조적으로 반응해서 너를 성장시킬래, 아니면 부정적, 소극적으로 반응해서 실패한 인생을 살을래?"라는 말이었다. 어떠한 반응을 보이느냐에 따라 우리 인생은 성공과 실패로 나뉠 수 있다는 것이다. 전적으로 맞는 말이다.

나 자신을 알게 되며 면역 체계를 만들다

엄혹한 시간, 나는 글을 썼다. 나라는 사람의 지나온 시간을 글로써 누비는 여행을 떠난 것이다. 내가 누구인지, 어떤 삶을 살았는지, 삶을 바라보는 시선은 어떠했는지, 삶을 대하는 태도는 어떠했는지.

이렇게 글을 쓰면서 나는, 나 자신을 아주 분명하게 정의할 수 있었다. 나는 무언가 벅차오르는 명제를 얻을 수 있었던 것이다.

나라는 사람의 지나온 시간을 글로 쓴다는 것은, 오직 있는 그대로의 자기 자신을 찾는 것이다. 깊이 더 깊이 들어가서 만나는 진짜 나, 진짜 나의 가치는 글로써 쓰여질 때에만 알 수 있으며 상상을 초월하는 대단한 힘이 있는 것이다. 나는 버티기 위해서 글을 썼지만, 결국에는 치유를 뛰어넘는 대단한 면역 체계를 갖추게 된 것이다.

영국의 의사 헨리 모즐리는 이야기했다.

"눈물로 씻기지 않은 슬픔은 몸을 울게 만든다."

특히 분노는 심한 마음의 통증을 일으키고 몸의 질병으로 나타난다고. 그렇다. 인간의 몸과 마음은 떼어서 생각할 수 없다. 마음이 아플 때 그 아픔이 적절히 처리되지 않으면 몸도 함께 고통을 받게 된다.

아, 글쓰기는 나라는 사람과 상한 감정의 깊이를 정확히 분석하고 가장 적합한 치유를 시작한 것이다. 이것이 바로 특별하고도 놀라운 글쓰기의 힘이다.

아픔과 상처에 직면하는 글쓰기는 나를 발견하고 이해하며 알아가는 과정 가운데 서서히 시작되었다. 내 안에 있는 부러움, 내 안에 있는 결핍, 내 안에 있는 외로움, 내 안에 있는 아쉬움, 내 안에 버티고 있는 미움, 내 안에 둥지 튼 두려움, 내 안의 쓰레기 절망감, 내 안의 핵폭탄 통증. 그리고 꼭 한 번은 따져야겠는 사랑하는 일을 그만둘 때의 일. 나는 웅크리고 있는 모든 것들을 끄집어내기 시작했다.

어느 날 새벽. 그토록 지독하게 흔들어대던 트라우마와 마주 앉았다. 내가 사랑했던 일에 대해서. 얼마나 그 일을 사랑했는지, 왜 그 일을 그만두게 되었는지, 그때의 심정은 어떠했는지, 왜 그때 아무 말 하지 않았는지, 왜 그때 그 음악만 들으며 그토록 걸었는지, 왜 그때 꿈에서 깨어 밤새 거실을 서성거렸는지, 조목조목 쓰기 시작했다.

마지막에, 처음으로 모멸감과 수치심이라는 단어를 썼다. 이 말은 도저히 꺼낼 수가 없어 꾹꾹 눌러두었던 말이었다. 그것도 마음에 안 차 저기 저 발끝 아래에 처박아두었던 말이었다. 누가 볼까 두려운 말이었다. 나도 입 밖에 안 내니 너도 내면 안 되는 말이었다. 그런데 처음으로 입 밖으로 모멸감, 수치심이라는 단어를 천천히 꺼내 글을 쓰는데 아, 이럴 수가! 놀라웠다. 아무렇지도 않았다. 아프지가 않은 것이다. 그 이야기를 쓰는데 아프지가 않다니! 전혀 아프지가 않다니! 분명한 사실이다. 그냥, 담담했다.

나는 전혀 다른, 당당하고 건강한 사람, 엄청난 거인으로 변하여 있었다. '나란 사람'을 이해하는 것은 그까짓 것들을 휘발시켰다. '나란 사람'에 대한 가치는 그까짓 것들에 자리를 내줄 아무런 이유가 없음이 확실하였다. 이렇게 아픔은 완벽한 휘발성, 소멸성의 성분으로 변하여 있었던 것이다.

글쓰기는 아픔을 사라지게 하기 위해 그토록 치열하게, 그토록 미친 듯이 쓰게 한 것이다. 글쓰기는 나를 빤히 들여다보며 말을 걸었다.

"어쩔 거야, 필요해? 뭐 하러 이런 걸…. 걷어내는 게 어때?"

정말 그랬다. 내게 이런 것이 있을 이유가 없었다. 걷어내기로. 하나씩 하나씩 걷어내었다.

모든 글들은 뼛속까지 내려가서 정직하게 쓰여 있었으며 휘갈겨 썼든, 꼭꼭 눌러서 썼든 진심이었다. 나는 내가 쓴 모든 글에서 진심을 보았고 이 진심은 나를 변화시킨 것이다.

그렇다. 글쓰기는 나라는 사람을 알게 하려고 그 이른 새벽부터 치열하게 글을 쓰게 한 것이다. 아픔이 아닌 '나란 사람'으로의 여행을 그토록 치열하게 시켰던 것이다. 시선을, 가지고 있는 아픔과 고통에 두지 않고 나란 사람의 가치, 본질, 정체성을 향해서, '제발 너를 좀 똑똑히 알라고' 나를 찾는 글쓰기 여행을 그토록 시켰던 것이었다.

글쓰기가 나를 살렸다

정신 건강 의학과 채정호 교수는 글쓰기의 치유 효과에 대해 말했다.

"감정은 말로 내뱉으며 상당 부분이 의미 없이 흩어지지만 글로 표현하면 더운 명확해진다. 자기도 몰랐던 내면의 감정이 정리된 효과를 얻는다."

마음속에 억압된 감정의 응어리가 글쓰기를 통해 외부에 표출되면서 심신의 건강을 돕는다는 것이다

쓰기 치료 분야의 저명한 학자인 페니 베이커는 감정의 격동을 글로 쓸 때 정신적, 육체적 건강이 현저히 좋아진다고 하였다. 그의 연구에 의하면 절망한 경험을 말이나 글로 옮기는 것이 인간의 생각과 감정, 육체, 건강에 대단히 긍정적인 영향을 미친다는 것이다. 그는 자신의 정서적인

상처에 대해 글로 쓰면 우뇌와 좌뇌의 뇌파 활동이 밀접하게 연관되어, 문제에 정면으로 맞서려는 사람에게 도움이 된다고 하였다. 페니 베이커가 내린 결론은 한마디로 이것이다.

"글쓰기는 우리로 하여금 사고의 감옥으로부터 벗어나게 한다."

헬렌 켈러는 세상은 고통으로 가득하지만, 그것을 이겨내는 일로도 가득 차 있다고 하였다. 삶은 상처투성이며 아픔투성이지만 극복할 방법은 분명 있다는 것이다. 삶을 어떻게 만들어나갈 것인가는 전적으로 나 자신에게 달려 있으며 내 마음 속에 존재하는 얽히고설킨 실타래를 풀 수 있는 유일한 사람은 바로 나 자신 아닌가.

자, 이제 당신 안에 오랜 세월 짊어지고 다녔던 짐을 내려놓을 시간이다. 긍정적이고 희망적인 마음으로 아픔과 상처, 고통과 절망감에 대해 솔직하게 써보자. 무엇보다 진짜 당신을 만나길 바란다. 진짜 당신의 반짝이는 가치를 만나기를 바란다. 분명 당신은 살면서 한 번도 경험해보지 못한 대단한 면역력을 지니게 될 것이다. 이 면역력이 당신 삶의 모든 아픔과 상처를 찾아가 당신을 치유할 것이며 당신 삶을 이끌 것이다. 이것이 아픔을 치유하는 글쓰기의 힘이다.

글을 쓰는 당신에게 글쓰기는 속삭일 것이다.

"너란 사람은 이런 사람이야. 아픔이라고? 절망이라고? 그까짓 건 가서 엿이나 바꿔 먹어! 그까짓 건 가서 개한테나 줘버려!"

당신은 쓰러진 자존감을 끌어안으며 이렇게 소리칠 것이다. 해방감에 눈물을 흘릴 수도 있다. 이러면서 말이다.

"글쓰기가 나를 살렸어! 글쓰기가 나를 살렸다고!"

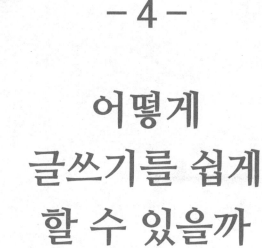

- 4 -

어떻게
글쓰기를 쉽게
할 수 있을까

일단, 글쓰기의 꼬임에 빠져라

글쓰기는 어떻게 할 수 있는가?

4장은 처음 글쓰기를 시작하는 사람들에게 쉽고 편안한 아름다운 꾐이 되기를 바라는 마음으로 시작하게 되었다. 일단, 글쓰기 꼬임에 빠지라는 것을 제일 처음에 둔 것은 어찌 됐건 글쓰기가 시작되어야 하기 때문이다. 일반 글쓰기든, 치유를 위한 글쓰기든 일단 글을 써야 글쓰기는 시작이 되는 것이다. 나는 어떤 글이든 글을 쓰던 사람이었지만 글쓰기를 처음 시작하는 사람이라면 여러 어려움과 두려움이 앞설 것이다.

우선 과학적으로는 어떻게 이 두려운 글쓰기가 가능할 수 있는지 살펴보겠다. 정신의학자 에밀 크레펠린은 작동 흥분 이론을 주장하며, 우리의 뇌는 어떤 일을 시작하면 그때부터 관련된 부위가 활성화되기 시작하여 하기 싫어하던 일도 의욕과 함께 집중되는 현상을 보인다고 하였다. 귀찮아서, 부담스러워서, 준비가 되지 않아서 미루고 있던 수많은 일들이 일단 시작을 하면 힘도, 능력도, 집중력도 생겨난다는 것이다. 어떤 가? 조금 마음이 편해지는가? 지푸라기를 집는 심정이어도 좋으니 이 과학적 이론을 믿어보자.

이 이론대로라면 글쓰기도 일단 쓰기 시작하면 어렵지 않게 계속할 수 있는 것 아닐까? '내가 계속할 수나 있을까?', '이 귀찮은 것을 왜 해야 하는 거지?' 이런 부정적인 마음은 살짝 내려놓기를 부탁한다. 대신 그저 한 문장이라도 시작하기를 바란다. 김영하는 지금 쓴 한 문장이 당신을 어떻게 할지 아무도 모른다고 하였다. 방금 시작한 그 문장이 당신이 글을 써야 하는 이유가 될 수도 있다는 것이다.

앞에서도 밝혔지만, 엄혹한 시간, 광화문 대형 서점에서 만난 두 권의 책을 시작으로 나는 지금 이 시간 무엇을 해야 하는지를 알았다. 어느 순간 멈춰버린 글쓰기가 끌 듯 다시 내민 손을 잡은 것이다. 그때 글쓰기가 내민 손을 붙잡지 않았으면 어쩔 뻔했나. 글쓰기가 날 끌 때에 넘어가지 않았다면 어쩔 뻔했나. 생각만 해도 아찔하다.

강렬한 글쓰기의 '끌'

사실, 내가 본 글쓰기 책은 치유에 관한 글쓰기 책은 아니었다. 글쓰기의 방법을 풀어놓은 일반적인 책이었다. 그러나 책표지에 쓰여진 '글.쓰.기.'라는 단어에서 오랫동안 잊고 있었던, 소중한 무엇을 발견한 듯 머리에서 발끝까지 전기에 감전된 듯 찌르르한 전율을 느낀 것이다.

그토록 강렬한 글쓰기의 꾐이라니! 아무쪼록 이 책이 당신에게도 그렇게 강한 전율로써 다가가길 바란다.

    나는 한 번도 이성을 꾄다거나 거짓으로 무엇을 꾄다거나 그래 본 적이 없다. 오지랖이 넓은 사람도 아니고 뭐, 그닥 섹시하거나 매력적이지 않은 나 자신을 잘 알고 있기 때문이다. '내가 누굴 꾄다고 해서 넘어올까?' 그렇다. 그래서 꼬셔본 적이 없다.

    하지만 당신을 진심으로 글쓰기의 세계로는 꾀고 싶다. 특별하고 놀랍고 신기하고 아름답기까지 한 글쓰기의 세계로 말이다. 당신 인생을 송두리째 바꾸어놓을 글쓰기, 바로 그 기적의 세계로 말이다.

    책을 읽으며 "글쓰기? 글을 쓰라고? 나도 한번 글을 써볼까?", "정말 더 있을까?", "남의 동네에서 살아볼까?"라는 마음이 조금이라도 들었다면 엉거주춤한 자세라도 괜찮으니 두리번거리지 말고, 두 번 생각하지도 말고 글쓰기의 세계에 쏙 빠지길 바란다.

    이보다 더 득이 되는 꼬임은 세상 어디에도 없다. 이성이 요상스런 몸짓으로 유혹하는 것도 아니고 일확천금의 눈먼 돈을 딸 수 있다고 유혹하는 그런 꼬임도 아니지 않은가.

    우리 인생 가운데 이런 글쓰기 유혹에 빠지는 것은 그야말로 종합 영양제를 먹는 것과도 같다. 고농축 비타민 C를 입안 가득히 털어 넣는 것과도 같다. 혹한의 겨울을 보내기 위한 보약, 십전대보탕을 마시는 것과도 같다. 답답한 당신 인생을 시원케 하는 청량음료를 벌컥벌컥 들이키는 것과도 같다.

나는 세상에 글쓰기를 이렇게 외치고 싶다.

"내 인생에 목마르신 분들, 글쓰기 콜라를 들이켜세요! 목 넘김이 그만인 톡 쏘는 그 맛! 인생의 짜릿한 그 맛을 글쓰기 콜라로 즐기세요."

고마운 글쓰기 중독

더 나아가 중독이면 또 얼마나 고마운 일인가? 글쓰기 중독 말이다. 술 중독, 도박 중독, 쇼핑 중독, 야동 중독. 이러한 중독의 끝은 정신적인 피폐, 물질적인 파산, 육체적인 패망 아닌가. 세상의 모든 중독의 끝은 좌절, 파멸, 절망, 죽음뿐인데, 글쓰기는 어떤가. 글쓰기 중독은 추락하는 것에 날개를 다는 것이다. 죽어가는 식물에 물을 주는 것이다. 이보다 더 바람직한 중독은 세상 어디에도 없다.

분명 그 중독은 긍정적이며 능동적인데 진취적이기까지 한 글쓰기의 세계로 당신을 인도할 것이다. 얼마나 멋진 일인가. 당신은 전혀 새로운 당신을 만나게 될 것이다. 궁금하지 않은가. 기대되지 않는가. 그러니 부디 글쓰기 꼬임에 빠지길 진심으로 바란다.

사실, 이 책을 여기까지 읽었다면, '글을 쓸 여유가 없어서요, 두려움이 많아서요, 아직 글쓰기의 필요성을 몰라서요.'라는 구차한 변명은 이미 당신 것이 아니다. 하고자 하는 마음만 있으면 모든 것은 모이게 되어 있지 않던가. 그 마음을 불러들이자. 글쓰기의 꼬임에 빠지라는 것이다.

지금부터 당신 인생에게 마음 쓰는 일은 글쓰기의 꼬임에 빠지는 것이다.

글을 쓰는 것은 나 자신을 사랑하는 최고의 방법이 되기 때문이다. 한번 생각해보자. 그저 나를 사랑하자고 마음먹는 것으로 나에 대한 사랑과 애정이 충분해지던가? 명품 구두를 신고 모피 코트를 두르고 하와이로 여행을 다녀오면 나에 대한 사랑과 의무를 다하는 것인가? 정신적, 물리적으로 복잡계 최고 수준인 나라는 사람을 '이제부터 사랑해야지.'라는 마음 하나 먹는 것으로 사랑할 수 있다는 것은 터무니없는 일이다. 너무나 어려운 일이다. 그러나 나는 이 너무도 어려운 '나 자신을 사랑하는 방법'을 글을 쓰면서 알았다. 글쓰기의 꼬임에 빠지고 치열하게 글을 쓰던 그 순간이 나와의 본질적인 사랑의 시작이었다는 것을 깨달은 것이다.

나는 글쓰기가 당신에게 있는 아픔을 어떻게 할지, 당신에게 있는 절망감을 어떻게 할지 아주 잘 안다. 글쓰기가 어딘가에서 헤매고 있는 당신의 꿈을 어떻게 만나게 할지, 휘청거리는 당신의 정체성을 어떻게 찾아가게 할지도 아주 잘 안다. 더 나아가 글쓰기가 당신을 뽀빠이를 만들지, 원더우먼을 만들지, 슈퍼맨을 만들지도 아주 잘 안다.

당신이 앞으로 할 말은 "정말 글쓰기가 이렇게 힘이 셀 줄 몰랐어. 어떻게 내게 이런 일이 생길 수 있단 말인가?" 이런 감탄문뿐이다. 내가 장담한다.

그런데 이런 꼬임도 있다. 이상하게 생각하지 말아라. 글쓰기가 단, 며칠 동안이라도 여행을 떠나자며 꾈 때가 있을 것이다. 그렇다면, 두 번도 생각 말고 무조건 꼬임에 빠져라. 선견지명이 있는 글쓰기가 당신에게 지금 무엇이 필요한지를 알기 때문이다. 며칠이라도 치열하게 나 자신을 향해서 글을 쓰는 특별한 시간이 당신에게 꼭 필요하기 때문이다.

이때가 되면 노트, 펜, 스마트 폰, 그리고 무엇보다 절박함을 꼭 챙겨 보따리를 싸라. 이 여행은 당신 인생에서 최고로 중대한 일이 될 것이다. 이 여행으로 당신은 당신 인생에서 상상도 못한 일을 만나게 될 것이다. 자, 어떤가. 지금 당신 자신에 집중하며 글을 쓰는 것보다 필요한 일이 있는가.

내가 가진 것은 분명히 있다

뭔가 이루기 위한 힘은 누구에게나 있다

교보문고는 2016년 지난 10년간의 소설 누적 판매량을 조사했다. 프랑스 작가 베르나르 베르베르의 소설이 국내 판매량 1위를 기록했다. 그의 첫 작품 『개미』는 처음 6년 동안 여러 출판사에서 거절당했고 20번을 고쳐서 12년 만에 출간된 것이었다. 그는 좌절하는 대신 '더 발전해야 할 부분이 있구나.'라고 생각했다고 한다. 출판사에서 별로라고 할 때마다 새로운 버전으로 다시 쓴 것이다. 슬픔이나 절망 대신 '책이 잘 읽히려면 어떻게 해야 할까?'를 고심하며 최선을 다해 고친 것이다. 베르나르가 가진 것은 오래 견디면서 고치는 것이었다.

학생들을 가르쳐보면 뭐 하나는 음악으로 가게 하는 힘이 있다. 사람에게는 무엇을 이루기 위한 능력이 제각기 다르다는 이야긴데 어느 아이는 리듬감이 좋아서, 어느 아이는 청음력이 좋아서, 어느 아이는 독보력이 좋아서, 또 어느 아이는 정말 그냥 음악이 좋아서 음악을 한다. 즉 누구나 가지고 있는 것은 분명히 있으며, 그 힘으로 그것을 이룬다. 음악을 한다.

이 음악으로 가게 하는 힘이라는 것이 모든 아이들에게 골고루 한 개든 두 개든 배분이 되면 공평하고 좋으련만 아쉽게도 그렇지 않다. 어느 아이에게는 한두 개가 있으나 어느 아이에게는 일곱 개가 넘게도 있다. 물론, 일곱 개 가진 아이는 두 개 가진 아이보다 훨씬 가르치기가 수월하다.

그러나 안타깝게도 간혹, 어떤 힘도 찾아보기 어려운, 참으로 가르치는 입장에서 난감한 그런 아이도 있다. 가르쳤던 학생 중에, "얘는 왜 이리 가진 게 없지?"라는 궁금증과 함께 매 시간 나를 애먹였던 학생이 있었다. 그러나 놀랍게도 그 학생은 꾸준하게 앉아 있는 힘과 성실한 출석, 꼼꼼한 레슨으로 베토벤 소나타를 치고 쇼팽의 에튀드를 치는 실력자가 되었다. 이것은 무엇을 말하는가? 본질적인 것이든, 비본질적인 것이든, 무엇을 이루기 위한 힘은 누구에게나 어떤 모양으로든 있다는 것이다.

다시 말해, 누구에게나 그 일을 이루는 힘은 크든 작든 있으며 그 힘은 재능일 수도 있으며 무한한 노력일 수도 있다는 것이다. 결론은 이렇다. 어떤 모양이든 사람에게는 가진 것이 있으며 그것은 일을 이루어내는 본질적, 또는 비본질적 힘이 된다는 것이다.

글쓰기도 마찬가지이다. 그렇다면 내게 글쓰기를 할 힘은 무엇일까? 그래도 뭐가 있으니까 글쓰기를 하는 게 아닐까?

절친들은 나의 20대를 이렇게 알고 있다. "그녀는 20대가 없어. 몸이 너무 아팠거든. 가정적으로도 너무 힘들었고, 그녀는 대학도 남들보다 늦게 갔잖아."

20대의 나. 꿈과 현실의 간극이 비참하리만큼 커서 어느 금요 철야 예배 때에 목 놓아 울었던 기억이 있다. 그것도 엉엉 아주 심하게. 부끄러운 줄도 모르고, 오랫동안 울었다.

가정적으로는 물론 난이도 최상의 어려웠을 때지만 찬란한 꿈이 있었을 것이다. 그런데 무척이나 아팠던 그 시절, 나는 철저히 혼자였다. 혼자일 수밖에 없었다. 집 밖을 나갈 수도 없고 나가기도 어려웠다. 면역력이 약해빠진 내게 병이란 병은 다 달라붙었다.

이후에도 건강상의 문제로 몇 번의 정지된 시간을 홀로 지내야 했다. 혼자 있는 시간, 나는 참 많은 생각을 하면서 살았다. 그중에는 공상도 있었지만, 현실과는 전혀 다른 상상 속에서 꿈을 꾸며 위로받았고 가끔은 꿈에 날개를 달아 춤을 추기도 하였다.

이 시간이 무척이나 외롭고 두려웠지만, 나는 어쩌면 고독 속에서만 가능할 수 있는 영감과 감성의 빛깔들을 만날 수 있었던 것이다. 이렇게 고독으로부터 흘러나온 영감과 감성은 과거로부터 지금까지, 내 모든 능력의 분수령이 되었다.

지난 몇 년간도 마찬가지, 혼자였다. 나는, 하루 종일 책을 읽고 그야말로 치열하게 글을 썼다. 혼자 있는 외로움은 과거로부터 지금까지의 나를 만나느라 바빴고 고독은 연신 감성의 언어들로 그것들을 덧칠하느라 바빴다. 바깥 외출이 전혀 자유로울 수 없는 상황, 제한된 상황 속에서 할 수 있는 것은 어쩌면 정해져 있는 것이다. 지금 와서 생각해보면, 혼자만의 시간, 고독으로부터 흘러나온 영감과 감성이 모든 성장의 키워드가 된 것이다.

이 이야기를 보면 혼자 있는 시간이 지금의 글쓰기를 가능케 하는 게 아닐까 생각한다. 혼자만의 시간, 나를 에워쌌던 감성의 빛깔로 말이다.

누구에게나 재능은 있다

이처럼 누구나 가진 것은 있다. 처음부터 글쓰기의 재능이 있을 수도 있고 그저 멋진 소설을 쓰고 싶다는 마음으로 가득한 사람도 있다.

혹시, 하루키의 소설을 읽으면 모든 문장이 음악을 연주하고 있는 것처럼 느껴지지 않던가? 그는 음악이든 소설이든 그 자체에 리듬이 있다고 생각하였다. 그 생각으로 그는 음악을 연주하는 듯한 멋진 소설을 쓴 것이다. 하루키에게는 자연스럽고 기분 좋은 리듬을 가진 문장을 쓰고 싶어 하는 열망이 있었던 것이다.

여기 이 사람. 제임스 프레이는 어떤가. 그는 21살 때 만난 『북회귀선』과의 만남이 자신의 인생을 글쓰기로 몰아넣었다고 한다.

"나는 정말로 글쓰기 말고 할 줄 아는 일이 없다. 내 삶에 너무나 큰 부분을 차지해버린 글쓰기를 이제는 도저히 그만둘 수가 없다. 글을 쓰지 않으면 미쳐버릴 거 같다. 솔직히 가족도 있는데 돈도 벌어야 하지 않겠는가. 어릴 때 나는 독서삼매에 빠지곤 했다. 작가가 되겠다는 생각을 해 본 적도 없던 내가 달라진 것은 21살에 『북회귀선』을 만나고부터였다. 『북회귀선』과의 만남은 그 이전 무엇과도 견주기 힘든 경험이었다. 그 책은 그 무엇보다 순수하고 직설적이며 심오한 울림으로 내게 말을 걸어왔다. 절반을 분노와 절반을 기쁨으로 채워진 그 책은 바로 세상을 향한 나 자신이었다."

유시민은 그의 책 『유시민의 글쓰기 특강』에서 이럴 때마다 울컥한다며 이야기한다.

"어떤 친구는 이렇게 말한다. '좋겠다. 너는, 글재주가 있어서!' 타고난 재능이 있어서 내가 글을 잘 쓴다는 것이다. 칼럼니스트로 활동하던 시절에도 그랬고, 정치를 떠나 문필업으로 돌아온 후에도 같은 말을 듣는다. 그럴 때는 나도 모르게 '울컥'한다. 은근히 화가 난다. 이 말이 목젖까지 올라온다. '그런 거 아니거든! 나도 열심히 했거든!'"

그는 글쓰기 능력에 대해 이렇게 말했다.

"정확하게 말하자면 글쓰기는 재주가 아니다. 사람이 가진 여러 능력 또는 기능 가운데 하나다. 사람이 다 같지는 않기 때문에 노력한다고 해서 다 잘 쓸 수 있는 건 아니다. 하지만 모든 일이 그런 것처럼, 재주 또는 소질은 글 쓰는 능력을 좌우하는 여러 요소 가운데 하나에 지나지 않는다. 타고난 소질이 있어도 갈고 닦지 않으면 꽃을 피우지 못한다."

분명 맞는 말이다. 글을 쓰고자 하는 열망이 있다는 그 자체만으로도 가능하며 더 나아가 소질보다 중요한 것은 노력 아닌가. 아무리 음악적 재능이 있어도 안 하면 그만이고 재능이 없어도 꾸준한 노력이 있다면 쇼팽, 베토벤이 되는 것이 가능하지 않던가.

누구나 가진 것은 있다. 일단 시작해보면 안다. 시작도 하지 않으면 도저히 알 수 없지 않은가. 그것이 끈기인지, 열심히 하다 보니 생긴 무엇인지 말이다. 우리 인생을 우리가 어찌 아는가. 더군다나 심오한 철학이 밀도 높게 살고 있는 글쓰기의 세계를 말이다.

어니스트 헤밍웨이는 말했다.

"직접 해보기 전에는 아무도 자기한테 어떤 능력이 있는지 알 수 없다."

당신 안에 있는 모든 것을 탈탈 털어 글쓰기를 시작해보자. 분명, 당신 안에 있는 그 무엇이라도 당신의 글쓰기를 도울 것이다. 당신이 가진 것은 분명히 있으니까.

시작은 누구나 어렵다

'나도 쓸 수 있겠다'는 마음

우리는 가끔 엉뚱한 생각을 한다. 자신의 글을 뛰어난 작가의 최종본과 비교하는 것이다. 바로 '역시 난 안 돼.'라며 한탄한다. 제대로 비교하려면 뛰어난 작가의 데뷔 이전 습작 시절 휴지통에 버렸던 문장들과 지금 자신을 것을 비교해야 하지 않을까? 앞에서 말한 20번 다듬어서 출간된 『개미』가 아니라 처음 출판사에 들고 간 초고를 상상해보는 것이 훨씬 우리에게 이로울 것이다. 이렇게 생각해보면 어떨까? '나도 20번 고치면 이 정도는 쓸 수 있겠는데!' 어떤가? 우리에게는 지금 이 마음이 필요하다.

무엇을 배운다는 것, 무언가를 시작한다는 것은 우리들의 가슴을 뛰게 하며 살아 있음을 느끼게 한다. 그러나 처음은 누구에게나 어렵다. 누구나 부담스럽다. 누구나 막막하다. 누구나 횡설수설한다.

처음 시작의 어려움! 인정한다. 그러나 누구에게나 마찬가지이다.

이는 글쓰기 고수들에게도 있는 어려움이기 때문이다. 2012년 황석영은 독자들과의 만남에서 "50년 동안 소설을 쓰며 느낀 점은, 글 쓰는 일은 다른 일과 달리 아무리 오래 해도 결코 달인으로 도달할 수 없을 것"이라고 하였다. 다른 작가들도 마찬가지다. "글쓰기는 고통이며 피를 말리는 일이다!" 글쓰기가 어렵다는 사실은 모든 사람에게 다 마찬가지다. 갑자기 말을 잃어버린 사람처럼 바보가 된 듯한 막막함이 당신만의 것은 아니라는 것이다.

만만하게 보기

그럼 누가 이 어려움을 극복하고 시작할 수 있을까? 만만하게 생각하고 덤벼드는 사람? 지레 겁먹고 도망갈 핑계를 찾는 사람? 당신은 답을 알고 있다.

"이거 별거 아니네. 하면 할 수 있겠네, 뭐."

"해볼까? 해보지, 뭐."

"좋을 거 같아. 참 좋네."

만만하고 긍정적으로 생각하는 사람이다. 처음을 만만하게 본다는 것,

별것 아니게 보는 것은 두려움을 이기는 최소한의 재치, 허용된 교만 아닐까. 무엇을 처음 시작한다는 것에 대한 두려움은 누구에게나 마찬가지이기 때문이다.

나는 학생들을 가르칠 때 만만하게 보기를 지도한다.

"거 봐. 별거 아니지? 괜히 걱정했지? 천천히 한 번 해보니까 어때, 별거 아니지?"

새로운 악보를 겁내는 경우 특히, 만만하게 보기를 주문한다. 이런 두려움은 어린 학생들의 것만은 아니다. 교회 합창을 지도할 때에도 어마어마한 대곡(30페이지가 넘는, 10분 정도의 곡)을 허밍으로 한 번 부르게 하고는 도전심 충만한 지휘자는 이렇게 말한다.

"어떻습니까? 곡이 참 좋죠. 한번 해볼 만하지 않습니까?"
"어머, 선생님, 우리가 이런 것을 어떻게 해요?"

깜짝 놀란 듯한 반응을 보이는 대원들 앞에서 사기충천한 지휘자는 거기에 대고 또 한마디를 덧붙인다.

"이 곡 자세히 보면 별거 아녜요. 하면 할 수 있어요. 우리가 이런 곡 하지 않으면 누가 하겠습니까? 우리니까 하는 거겠죠?"

듣고 보니 별거 아닌 것 같은 느낌이 들어서였을까? 옆의 대원들과 눈을 마주치며 눈웃음 짓는 대원들의 마음에는 이런 생각이 차기 시작한다.

"해볼까?"
"하면 되지 뭐, 우리가 뭐 언제는 할 수 있어서 했나."
"할 수 있어! 할 수 있겠다."
"이 정도면…, 으…음, 할 만한데 뭐."

대원들은 악보를 들춰보기 시작한다. '우리니까 하는 거겠죠!'까지는 아니지만 만만하게 보기 시작했다는 반응이 감지되는 순간이다. 이렇게 무언가를 시작할 때 이 정도의 애교스러운 교만은 두려움에 맞서기 위한 하나의 방법이 되기도 한다. 이처럼 시작은 어렵지만 이루고자 한다면 그 방법은 어떤 모양으로든 분명 있을 것이다. 어려운 시작을 위한 쉽고도 빠르게 친해지는 방법을 찾아보자.

가장 쉽고 유쾌한 방법으로 시작

앞에서 밝혔지만, 나는 합창을 가르칠 때 먼저 허밍으로 연습하는 시간을 꼭 갖는다. 음정을 공부하는 방법이기도 하지만 그 곡이 어떤 곡인지 첫 대면을 좀 더 편하게 하기 위해서다. 이렇게 허밍으로 연습을 몇 번이고 하면 곡의 특징이라든가 음정을 더 자세히 알 수 있다. 처음 대면하는 곡의 부담을 덜 수 있으며 쉽게 친해질 수 있기 때문이다.

처음부터 가사로 노래를 부른다? 세세한 분석을 하며 완벽하게 불러야 한다면 분명, 큰 부담감에 겁을 낼 것이다. 왜냐하면, 처음부터 그 곡의 모든 것을 알아서 노래하는 것은 불가능하기도 하지만 자연스럽게 이 곡이 내 안에 흐르게 하는 것을 방해하기 때문이다. 이렇게 연습을 하다 보면 가사를 붙여 제대로 이 곡을 불러보고 싶은 시점이 온다. 그러면 그때는 가사를 붙여 이 곡을 더 깊이 있고 완성도 있게 부를 수 있게 된다. 무언가를 시작한다면 쉽고도 빠르게 친해질 시간을 주어야 하며 일단, 친해지면 그 다음은 어떠한 문제도 극복할 수 있기 때문이다.

글쓰기도 마찬가지다. 처음부터 완성도 있게 잘 써야 한다? 누구라도 겁이 나고 어렵게 느낄 것이다. 그럴 이유가 없는데 괜한 오해로 사이는 멀어지고 아예 헤어지는 사태까지도 올 수가 있다. 허밍으로 부르듯 쉽고 편하게 시작해보자. 글쓰기와 편한 사이, 친한 사이, 절친이 되는 것이 우선이다.

시작은 어렵지만, 방법은 있다. 가장 편안하게 내 마음을 포갤 수 있는 곳에서, 내 마음을 풀어놓을 수 있는 곳에서, 글쓰기를 시작하는 것이다. 내가 좋아하는 산책 길, 음악, 책, 음식 등. 그 어느 것이라도 좋다. 그저 가장 마음 편하게 다가갈 수 있는 곳에서 글쓰기를 시작하는 것이다. 가장 빠르게 글쓰기와 친해질 수 있는 방법이 아닐까.

나에게는 손주가 있다. 우리집 서열상 나는 막내고, 막내 이모다. 큰 조카가 결혼을 하고 아이를 낳으니 이모 할머니가 된 것이다. 리얼 할미는 아니지만 '쎄컨 할미!' 그래도 할미는 할미. 결혼도 안 한 내게 청천벽력 같은 일이었지만 어찌나 귀엽고 사랑스럽던지. 가장 막막했을 때 태어난 이 새로운 생명체는 사람이 두렵고 무서웠던 내게 유일하게 사람으로 느껴지는 단 한 사람이었다. 까만 눈동자를 가진 이 생명체에게 얼마나 많은 연애편지를 보냈는지 모른다. 얼마나 많은 사랑을 고백했는지 모른다.

지혜로운 글쓰기는 즐겁고 재미난 나만의 유쾌한 방에서, 유일하게 내 마음에 온기를 남기는 어느 신기하고 아름다운 별에서 왔을 법한 작은 생명체를 향해 쉴 새 없이 사랑의 연서를 쓰게 하였다. 이때만큼은 아픔이나 고통이 눈치껏 자리를 비켰을 정도였다.

"문희야, 너 이걸로 시집 내라. 요즘 같은 때에는 이런 시를 읽어야 해. 너, 시 너무 재밌어. 너 글 너무 재밌어. 흐흐흐."

이렇게 가장 속 편하고 즐겁게 사유할 수 있는 것들로 시작하라. 가장 사랑하고 행복한 것들로 시작하라. 이런 즐거움의 소재들이 분명 있을 것이다. 이 소재들을 놓치지 말고 계속 그 주변을 배회하며 글쓰기를 시작하자. 불광불급이라고 했던가. 미치지 않으면 미치지 못한다. 마음먹고 글쓰기에 미쳐보자. 글쓰기에 미치게 되면 부담을 가질 여유도 감정도 허락되지 않을 것이다. 어느 수준에 미치려 한 것은 아니었지만 분명, 즐겁게 미치는 일들로 가득하게 될 것이다. 그리고 미칠 때 무엇인가를 이룰 수 있는 총력이 발휘될 것이다. 내 눈에는 글쓰기에 재능이 있는 어떤 사람보다 미치고자 결심한 당신이 훨씬 더 아름답고 훌륭하다.

서두르지 말고 천천히 써 나가면 된다. 생각해보자. 운전면허를 땄다고 해서 그날 바로 부산으로 차를 몰고 나가는 사람은 거의 없지 않은가. 한 번에 좋은 글을 쓸 수 있는 사람 또한 거의 없다. 글쓰기가 내 인생의 동반자가 되도록 시간을 들이고 조금씩 앞으로 밀고 나가면 된다.

아무 말 잔치라도 괜찮으니 그냥 시작해보자. 꼭 글을 쓰라는 것이다. 그리고 꼭 글쓰기의 언저리에 있어라. 쓰다가 어렵고 힘들어도 글쓰기의 언저리를 벗어나지는 말라는 것이다. 글을 쓰고자 하는 마음을 버리면 안 된다는 것이다. 혹시, 이런 소리가 들리면 바로 귀를 막아라.

"분명, 하면 좋지만 지금 당장은 안 해도 크게 상관은 없는 것 같지 않니? 나는 생각이 깊은 아이이고 바쁜데 굳이 글쓰기까지? 잠잘 시간도 없는데 내가 글쓰기를 할 수 있을까? 나는 글 솜씨가 없는데, 내가 그걸 어떻게 하지?"

양의 탈을 쓴 속삭임에 속지 말자. 절대 속으면 안 된다. 하면, 분명 지혜로운 글쓰기는 우리를 특별한 곳으로 인도할 것이다. 방해꾼들이 이리도 차고 넘치다니!

글쓰기! 시작은 누구나 어렵다. 그러나, 누구라도 극복할 수 있다. 이제 당신 차례가 되었다. 당신이 극복할 차례다.

잘 쓰려고 하지 말아라

우선 글쓰기와 자연스럽게 친해지자

처음 글쓰기를 시작하는 사람들에게 가장 큰 어려움은 글쓰기에 대한 부담일 것이다. 글을 써본 적이 없는 데서 오는 막막함과 잘 써야 한다는 부담감. 하지만 내 이야기를 말로 하는데 부담을 갖는 사람이 있을까. 글을 쓰는 것도 마찬가지이다. 잘 써야겠다는 부담이 아예 글을 쓸 수 없게 하는 것이라면 조금이라도 쓰기 위해서는 그 부담에서 벗어나도록 하자. 무엇보다 처음부터 잘 쓰겠다는 생각은 도움이 안 되니 버리도록 하자.

나는 음악을 그리 열심히 듣지 않는다. '음악을 전공한 사람이 어째서?'라고 물어볼 수도 있는 이야긴데, 사실이다. 음악을 그리 즐겁고 편하게 듣질 못한다. 음악을 분석하는 고약한 습관 때문이다. 이 음악은 어떻고, 저 연주자는 어떻고, 저 지휘자는 이 곡을 왜 이렇게 해석했을까? 음악회에 가서도 처음 시작이 불안하거나 왠지 연주가 매끄럽지 않다 싶으면 객석에 앉아 있는 나는 더 떤다. 좌불안석이다. 경우에 따라서는 연주자보다 더 사시나무처럼 부들부들 떠는 내가 어떻게 음악에 깊이 빠져들 수 있겠느냐 말이다.

음악을 편하게 생각하고 음악에 마음을 풀어놓는 사람이 진짜 음악을 사랑하고 즐기는 것을 나는 주변에서 아주 여러 번 보았다. 이렇게 묻는 사람도 있다. "분석을 하면 더 깊이 음악을 이해할 수 있지 않나요?" 내 경험상 그렇지 않다. 분석하느라 그 음악의 향기를, 매력을 놓칠 수가 있다. 그래서 내가 참 아쉽다. 그냥 쉽게 친해질걸. 내 귓가에 그 향기가 흐르게 내버려 둘걸.

내가 글쓰기를 이렇게 생각한다. 글쓰기를 편하게 생각하고 글쓰기에 내 마음을 풀어놓은 사람이 글쓰기를 사랑하고 즐길 수 있다고. 그냥 쉽게 친해지기를 바란다. '이렇게 써라, 저렇게 써라.'가 중요한 것이 아니라 글쓰기와 빨리 친해지는 것이 중요하다. 글쓰기에 내 마음을 풀어놓는 것이 중요하다. 서문에서도 밝혔지만 글쓰기의 시작점은 어떻게 써야 하는가가 아닌 왜 글을 써야 하는가를 아는 것이다. 그러기 위해 빨리 친해져야 하는 것이 중요하다. 물론, 잘 쓰고 싶겠지만 그건 친해지고 난 후의 일이다. 일단 친해지면 멋지게 쓰는 일은 그리 어렵지 않게 당신 것이 될 것이다. 친해지면 불가능이 가능해지지 않던가.

정규 교육을 받았다면 누구라도 한 번이라도 글을 써본 적이 있을 것이다. 사실, 나도 글쓰기를 따로 배운 적이 없는 사람이다.

줄리아 카메론은 『아티스트 웨이』에서 "글을 잘 쓰려고 의도하고, 창조적인 글쓰기를 하려고 의식하는 순간, 당신의 뇌는 마비된다. 그래서 더 부자연스럽게 되고, 글을 잘 쓸 수 있음에도 오히려 더 못 쓰게 된다. 자연스러워져라. 그것이 당신의 창조성을 깨우는 힘이다."라고 하였다. 지당하신 말씀이다. 사랑하는 애인 사이도 그 시작은 자연스러운 끌림이 있어야 자연스러운 사귐이 되지 않던가. 이렇게 자연스럽게 친해져야 깊이 빠져들 수 있는 것이다. 일정한 형식과 문법을 지켜야 한다는 부담스러움, 멋진 글을 쓰고 싶다는 욕심은 글쓰기를 한 없이 막막하게 하며 멀어지게 한다.

글에 진정성을 담으려는 노력이 필요하다

잘 쓰려고 하는 마음은 이곳에 두어야 하지 않을까? 소설가 한승원은 이렇게 말했다.

"모름지기 글을 잘 쓰려면 마음속에 착함과 진실됨이 담겨 있어야 한다. 다음은 글쓰기에 미쳐야 한다. 미친다는 것은 그것이 아니면 죽는다는 생각으로 매진한다는 것이다. 글을 쓰되 그 글을 자기 생명처럼 사랑해야 한다. 글을 써 가는 과정을 즐기고, 쓴 다음 다시 읽어 보고 또 다른 즐거움을 맛보았다면 그 글은 틀림없이 독자의 감동을 얻어낼 수 있는 좋은 글이 될 터이다."

글쓰기를 위해서는 마음의 선함과 진실됨이 있어야 한다는 한승원의 이야기는 글을 쓰는 모든 사람들의 가슴에 새겨야 하는 말이다.

글을 쓰면서 몇 번이고 다짐하는 게 있다. 글만 세련되고, 달콤하고, 화려하고, 유려하고, 거창하고, 있어 보이고, 똑똑하고, 사람 좋아 보이는 그런 글은 쓰지 말아야겠다는, 내 글만큼은 진정성 있는 글이 되어야겠다는, 그런 다짐이다. 혹시라도 내 글이 내 주변의 사람들이나 세상 밖으로 나가게 되더라도 내 글은 나일 터인데 내 글에서 보는 나와 그들이 알고 있는 내가 너무나 차이가 커 혼란을 겪게 한다거나 그런 일은 없어야겠다는 다짐이다.

물론 최선을 다해서 써야겠지만 그래서 이런저런 공부도 해야겠지만 나의 글에 책임을 지고자 하는 마음은 잘 쓰려는 마음보다 중요한 것이 아닐까? 내 글이 깊어져야 하는 이유가 아닐까?

잘 쓰는 것이 중요한 것이 아니라 진정성 있는 그런 글이 되어야겠다고 생각! 함부로 쓰거나 제발 글만 번지르르해 보이는 그런, 글만 잘난 글은 될 수 없다는 생각! 절대 내가 쓴 글과 내가, 다른 사람으로 보이는 그런 글은 쓰지 말아야겠다는 다짐! 나는 내가 쓴 글에 책임을 져야 한다는 다짐을 오늘도 내일도 할 것이다.

진정성에 대한 부분은 늘 자세를 고쳐 앉게 한다. 레오나르도 다빈치는 오래전에 이런 이야기를 했다. 한 인간의(줄기차게 창조적인) 영혼이 그 육체를 만들어내는 것과 마찬가지로 그가 그리는 초상화는 모델만 담는 것이 아니라 화가 자신의 모습을 담는다고. 당신도 한번 값싼 파스텔을 사서 누군가를 그려보라. 그러면 레오나르도 다빈치의 이 말이 진실임을 알게 될 것이다. 즉, 당신이 쓰는 모든 글은 당신의 인격을 드러내고 당신의 현재 모습이 어떻든 그것이 당신의 글을 통해 나타난다는 것이다. 그 누구도 자유로울 수 없는 이야기 아닌가. 우리에게 필요한 것은 잘 써야겠다는 부담이 아닌 진실만을 나에게서 출발하는 것이 중요한 것이다.

처음부터 글을 잘 쓰는 사람은 거의 없다. 처음 글쓰기를 하는 사람이라면 그 누구라도 하얀 백짓장이 낯설고 두려울 것이다. 못 쓰면 좀 어떤가. 글의 힘은 아주 잘 다듬어진 글에서가 아닌 마음에서 우러나오는 진실한 글에서 나온다. 그러니 멋지게 잘 쓰려고 하는 마음보다는 더욱 자세하고 더욱 진실하게 표현하는 것이 중요한 것이다.

처음 글쓰기를 하는 사람이라면 그 누구라도 하얀 백지장이 낯설고 두렵다. 처음 글쓰기를 시작하는 사람들에게 나탈리 골드버그는 이렇게 조언한다.

"멈추지 말고 그냥 계속해서 쓰세요. 글쓰기에 도전하려는 사람에게 가장 필요한 것은 자신에 대한 믿음입니다. 무엇보다 어떠한 일이 있어도 멈추지 말아야 해요. 논리적 사고도 버리세요. 마음도 통제하지 말아야 합니다. 맞춤법도 신경 쓰지 말고 쓰셔야 합니다. 글을 쓰는 행동 자체에 익숙해져야 두려움에서 벗어날 수 있거든요.”

이미 글쓰기를 시작한 사람들에게 그녀는 좀 더 구체적인 이야기를 꺼낸다.

“글쓰기는 글쓰기를 통해서만 배울 수 있어요. 사고의 모든 경계를 허물어뜨려야 합니다. 그냥 ‘꽃’이라고 말하지 마세요. 글쓰기는 육체적인 노동이에요. 잘 쓰고 싶다면 잘 들어야 합니다. 현상을 넘어 사물 속으로 파고 들어가야 합니다. 충분하다고 느낄 때 한 번 더 생각해야 해요. 자신을 믿어야 합니다.”

나탈리 골드버그의 조언은 글을 쓰는 사람에게 꼭 필요한 내용이다.

마음속의 상처와 고통, 아픔을 쓰기 위한 글이라면 더욱 그렇다. 무엇보다 자기 안에 있는 말들을 마음껏 꺼내는 게 우선이다. 잘 쓰려는 마음은 민낯의 내가 뼛속까지 내려가서 진실하게 쓰려는 마음이어야 한다. 그렇지 않으면 상처 난 마음에 메이크업을 하는 것과도 같기 때문이다.

자, 이제 당신의 마음을 괴롭혔던 ‘잘 써야 할 것 같은 부담감’을 내려놓고 못 쓰면 못 쓰는 대로 자신이 없으면 자신이 없는 대로 만족스럽지 않더라도 일단 글쓰기를 시작해보자. 단 몇 줄이라도 눈 딱 감고 당신의 생각과 감정을 표현해보자. 당신은 잘 할 것이다.

말하듯이 그대로 써라

말과 글은 어떤 사이일까?

글쓰기를 권하면 이런 말을 자주 듣는다.

"말은 자신이 있는데 쓰는 건 어려워요."
"쓰는 건 안 하고 싶어. 귀찮기도 하고 뭘 어떻게 해야 할지 모르겠어."

글쓰기의 경험이 없는 사람이 자신의 생각을 바로 글로 쓰려고 해서 그렇다. 쓰고 싶은 이야기를 먼저 말로 해보고 글로 옮겨보자. 자기 생각을 글로 바로 옮기기보다는, 말로 해놓고 쓰면 한결 수월하고 글보다는 말을 하는 것이 훨씬 쉽기 때문이다. 글로 쓰고 싶은 이야기를 말로 먼저 해보고 말한 것을 글로 쓰자. 말을 글로 옮기는 것이다.

우리는 하루도 거르지 않고 말을 하고 산다. 한번 생각해보자. 말은 잘

하는데 왜 쓰기는 어려운 걸까? 말하기와 글쓰기는 별개의 것일까? 그렇지 않다. 말과 글은 본질이 같다. 그러니 말이 글이고 글이 말이다. 밖으로 나오는 표현 방법은 다르지만, 내용은 똑같은 것이다. 그러니 말하듯이 글을 쓰면 누구라도 할 수 있다.

그렇다면 왜 글을 써야 할까? 글에는 반전이 있기 때문이다. 말에는 입에서 발설되는 순간 사라지는 휘발성이 있지만, 글은 영구 보전 가능하다는 것, 즉, 남는다는 것이다. 하나 더, 눈과 손으로 나의 생각이나 감정들을 쓰는 글쓰기에는 구체성이 있다는 것이다. 나는 똑똑히 보았다. 삶에는 구체성을 띤 생각이나 감정들이 많은 힘을 가지고 있다는 것을.

하와이대학교 영문학과 교수 스티븐 테일러 골즈베리는 "말하기 기술이 곧 글쓰기 기술"이라고 했다. 글쓰기 기술의 핵심은 말하는 것처럼 글을 쓰는 것이 원칙이라는 것이다. 마음만 먹는다면 누구나 이 글쓰기를 시작할 수 있으며 절대 특별한 누군가의 것이 아니라는 것이다.

이태준 또한 『문장강화』에서 글쓰기를 할 때는 글이 아니라, 말을 짓는다는 점을 분명하게 인식하라고 하였다. 글쓰기의 형식보다도 글을 쓰고자 하는 마음을 드러내는 것이 더 중요하다는 것이다.

이처럼 글쓰기를 처음 시작하는 사람이라면 말과 그리 다르지 않다는 것만 알아도 글쓰기가 한결 편안해질 것이다. 글쓰기를 힘들어하지 않는 사람은 이것을 자연스럽게 깨친 사람이라고 할 수 있다.

여기, 『치유하는 글쓰기』의 박미라는 글쓰기의 어려움을 느끼는 사람들에게 이렇게 제안한다.

먼저 내 앞에 가장 친한 사람이 앉아 있다고 치자. 그는 내 말을 잘 들을 준비가 되어 있는, 아주 편안한 사람이다. 그런 사람과 마주 앉아 있을 때 얼마나 행복한지 잠시 상상해보는 것도 좋겠다. 드디어 나는 그 앞에서 말을 시작한다. 하고 싶은 말을 가장 효과적으로 전달하리라 마음먹고. 그러면 말이 저절로 꼬리에 꼬리를 물며 터져 나온다. 그걸 손으로 옮겨 쓰면 되는 것이다.

글이 잘 안 써지거나 문장이 자꾸 꼬일 때 나도 이런 방법을 쓴다. 내 앞에 앉은 사람을 상상하면서 그에게 내 이야기를 들려주는 것처럼 소리 내서 중얼거려보는 것이다. "자, 내 얘기를 들어봐. 내가 하고 싶은 말은 바로, 어떻게 쓰는가에 관한 거야. 물론 쓰는 데 무슨 특별한 방법이 있는 건 아니라고 생각해. 하지만 굳이 잘 쓰는 방법 하나 정도 알려 준다면 그건 말하듯이 편하게 쉽게 쓰라는 거야." 그리고 내용을 받아 적는다. 강조하기 위해서 쉬어갈 때는 쉼표를 찍어주고, 좀 더 설명이 필요할 때는 '그러니까'라는 단어도 넣어준다.

'누군가에게 말하듯 편하게.'

어떤가, 좀 쉽고 편안하게 느껴지지 않는가? 결국, 글이라는 것은 말하듯이 써야 하고 평소 말할 때처럼 글쓰기를 시작하는 것이 가장 편하게 시작할 수 있는 방법이다.

말하듯이 글 쓰는 쉬운 방법

그러나 나는 이보다 더 쉽고 편안하게 말하듯이 글을 쓰는 방법을 알고 있다. 스마트폰의 녹음 기능을 이용하여 글을 쓰는 것이다. 스마트 폰의 녹음 기능을 이용하여 산책 길에서든, 공원 벤치에서든, 전철 플랫폼에서든, 도서관 휴게실에서든, 어디서든 글을 써보자. 녹음 기능을 이용한 글쓰기 입력은 말하듯이 그대로 글을 쓰는 최고의 지름길이 된다. 입력된 글은 많은 부분 오타가 있을 것이다. 기억이 사라지기 전, 빠른 시간 안에 오타를 수정하면서 한 편의 글로써 마무리를 해보자. 처음 글쓰기를 시작하는 사람들에게 부담을 덜어내며 빠르게 한 편의 글을 완성해보는 데에 많은 도움이 될 수 있다.

이처럼 처음 글을 쓸 때에는 녹음 기능을 이용하여 말하듯이 시작하는 것도 좋다. 그냥 자기 자신에게 말하듯이 편하고 쉽게 써 내려가면 된다. 일단 시작해보면 안다. 잘 쓰려고 하지 말고 그저 솔직하고 자연스럽게 쓰면 된다.

노트를 앞에 펴놓고 나에게 조곤조곤 말을 걸어보자. 그리고 그것들을 천천히 말하듯이 써보자. 이렇게 말이다.

내가 가장 살고 싶었던 인생은 지휘자, 합창 지휘자로 사는 것이었다.

악보를 보면 작곡가의 의도를 쉽게 분석할 수 있었다.

똑같은 곡을 10명이 피아노로 친다면 제일 특별한 소리로 음악을 연주할 왠지 모를 자신감이 있었고 합창에서도 그랬다.

작곡가의 마음을 알겠는 분석력.

곡의 모든 분석이 끝나고 가장 잘 어울리는 소리로 이 곡을 완성시킬 때면 나는 비로소 살아 있는 내가 된다.

지휘자로 살았던 그때가 가장 행복했다.

힘들었지만 어떻게 목표를 이루는가를 배웠고,

외로웠지만 어떻게 함께 가야 하는가를 배웠고,

음악 외의 거친 잡음이 일 땐 어떤 선택을 해야 당당할 수 있는지를 배웠고,

그리고

마지막엔 사람을 배웠다.

소중했던 지휘자로서의 흔적들.

아무리 지우려 해도 지울 수 없다면

참 좋았던 순간들만 가져가겠다.

설명해야 할 부분이 있다면, 서두르지 말고 차근차근 설명하듯 쓰면 된다. 이렇게 내 안에 있는 것들을 이야기하다 보면 앞뒤가 엉망이 될 수도 있지만 뭐 괜찮다. 그게 무슨 대수라고. 수다가 끊이지 않을 수도 있다. 괜찮다. 수다가 감사할 뿐이다. 그냥 써보자.

이렇게까지 이야기해도 여전히 글쓰기가 어렵게 생각되는가. 무언가 대단히 특별한 일로 생각되는가. 분명하게 말하지만, 개인적인 글쓰기는 전혀 그렇지 않다. 다른 사람의 시선을 생각하지 않고, 잘 쓰려고 하지 말고 고민하지 말고 그냥 편안하게 시작해보자. 나를 쓰는 개인적인 글쓰기는 무엇보다 다른 사람이 아닌 자기 자신과의 대화이기 때문이다. 그러니 두려워할 어떠한 이유도 없다.

제임스 패터슨은 말했다.

"글을 쓰기 전에는 항상 내 앞에 마주 앉은 누군가에게 이야기를 들려주는 것이라고 생각하라. 그리고 그 사람이 지루해서 자리를 뜨지 않도록 재미있게 이야기하라."

옳거니! 우리 지금 당장 상상 속에서 친구 하나를 만들어 그 친구가 자리에서 뜨지 않도록 자유롭고 신나게 글쓰기를 시작해보자. 나에게 말을 걸듯, 사랑하는 친구에게 말을 걸듯, 나의 과거에 말을 걸듯, 나의 미래에 말을 걸듯, 상상 속의 친구에게 말을 걸듯 글을 써보자.

이 책을 들고 이 정도까지 읽었다면 당신은 분명히 글쓰기에 관심이 많고 글을 쓸 수 있는 사람이며 어느 정도 능력을 갖추었다고 볼 수 있다. 누구나 아는 이야기지만 저절로 글을 잘 쓰는 사람들은 없다. 아무리 타고난 실력이 있다고 해도 쓰지 않으면 글을 잘 쓸 수 없다.

말하듯이 시작해보자. 얼마 안 지나 당신은 입꼬리를 씨익 올리며 이렇게 중얼거릴 것이다. "별거 아니네. 괜히 겁먹었네!" 당신이 시작만 한다면 글쓰기는 당신을 도울 것이다. 자, 이제 당신의 글쓰기는 시작되었다. 당신은 분명 대단히 잘할 것이다. 건투를 빈다.

구체적으로 표현하라

그때의 상황으로 깊숙이 들어가자

글을 쓰려는데 짧은 몇 개의 문장에서 멈춰 있다면, 눈을 감고 그때의 상황 속으로 뚜벅뚜벅 걸어 들어가보자. 스르륵 문을 열고 들어갔다면 그때의 상황을 찬찬히 살펴보자. 분명히 떠오르는 생각들이 있을 것이다. 스멀스멀 올라오는 그때의 이야기들을 천천히 적어보자. 자세히 하나씩 하나씩 서두르지 말고 적어보자. 이렇게 깊이 있게 들여다 보면 그때의 생각은 정리가 되고 사실적이며 구체적인 이야기들을 쓸 수 있기 때문이다.

왜냐하면, 깊숙이 더 깊숙이 나를 밀어 넣으면 그곳에 진짜 내 마음을 읽어내는 눈동자가 있기 때문이다. 그때 그 상황, 그때 그 느낌, 그때 그 감정, 그때 그 고통, 그 절망감, 그 난처함, 그 갈급함을 찬찬히 살피는 눈동자 말이다. 이 눈동자는 당신의 진짜 마음을 글로써 쓰게 할 것이다.

글쓰기에 관련된 오래된 속담이 하나 있다. 말하지 말고 보여주라는 말이다. 무슨 뜻인가? 구체적으로 표현하라는 것이다. 이것은 이를테면 분노라는 단어를 사용하지 않고서 무엇이 당신을 분노하게 하였는지 보여주라는 뜻이다. 세세한 설명이 필요하다는 것이다. 그래야 본질을 이해할 수 있기 때문이다. 윌리엄 칼로스 윌리엄즈가 말한 "생각이 아니라 사물 속으로 파고들라."라는 말도 같은 맥락이다. 우리가 사물 속으로 깊이 더 깊이 들어가야 사물이 우리에게 모든 것을 더 많이 가르쳐준다는 것이다.

그렇다. 깊어지기 위해서는 구체적으로 표현하는 것이 무엇보다 중요하다. 가급적 추상 명사를 쓰지 말고 일상적으로 쓰는 쉬운 단어로 당시의 장면을 상상할 수 있도록 그림으로 보여 주듯 시각화시켜보라는 이야기다.

『네 멋대로 써라』의 저자 데릭 젠슨은 "만일 한 번도 바닷가에 가본 적이 없다면 바닷가를 묘사하는 일보다 더 어려운 일도 없겠지만, 만일 가봤다면 그보다 더 쉬운 일은 없다."라고 말했다. 이 말은 글쓰기가 어렵고 두려운 것은 써야 할 이야기에서 멀리 떨어져 있기 때문이라는 말이다. 멀리 떨어져 있으면 흐릿하게 보이고 자세하게 보이지가 않아 구체적인 이야기를 할 수가 없다는 것이다. 일단, 쓰려는 이야기에 가까이 가보자.

데릭 젠슨이 글을 쓰다가 막히거나 단 한 줄의 글조차 써지지 않아도 좌절하지 않는 이유는 나에게 글 재주가 없음이 아니라 쓰려는 이야기에서 너무 멀리 떨어져 있어 깊이 들어가지 못했음을 알기 때문이라고 하였다.

그렇다. 글쓰기가 깊어지려면 깊이 들어가 더 구체적으로 표현해야 한다. '마음이 아팠어.'가 아닌, '어떻게 아픈지, 얼마나 아픈지, 왜 아픈지, 어째서 아픈지.'를 자세하게 적어야 한다. 그곳에 당신 마음이 있기 때문이다.

나 자신이 또렷하면 글도 또렷해진다

자신의 생각이나 감정을 글로 쓸 때는 더욱 구체적으로 표현해야 한다. 나라는 사람의 세계로 깊이 더 깊이 들어가며 글로써 나의 느낌, 감정, 생각들을 세세히 살필 때, 또렷한 나가 드러나고 진짜 나란 사람을 만나게 되기 때문이다.

정혜신은 『당신이 옳다』에서 또렷한 나를 만나면 내 삶을 살 수 있다고 하였다.

"내 느낌이나 감정은 내 존재로 들어가는 문이다. 느낌을 통해 사람은 진솔한 자기 존재를 만날 수 있다. 느낌을 통해 사람은 자기 존재에 더

밀착할 수 있다. 느낌에 민감해지면 액세서리나 스펙 차원의 나가 아니라 존재 차원의 나를 더 수월하게 만날 수도 있다. 내가 또렷해져야 그 다음부터 비로소 내 삶을 살아갈 수 있다."

사람은 누구라도 또렷한 내가 드러나면 더 이상 우왕좌왕하지 않으며 비틀거리지 않는다. 글로써 만난 또렷한 나는 힘이 있기 때문이다. 글은 분석적이며 논리적인 힘으로 또렷한 나를 만나게 하며 그야말로 내 삶을 살아가게 하는 힘을 제공하기 때문이다.

이렇게 글쓰기를 통해서 나를 만나는 것은 중요하다. 그러니 깊이 더 깊이 들어가 진짜 나란 사람을 만나려는 노력은 삶 가운데 그 어느 것보다도 중요하다고 하겠다.

좀 더 깊어지려면! 온 마음을 집중하여 자기 자신을 깊이 만나기 위해 쓰려는 글 속으로 깊이 더 깊이 나 자신을 밀어넣자. 주변을 둘러보며 나 자신의 생각과 감정과 느낌을 구체적으로 적어보자. 내 글이 이렇게 해서 조금씩 깊어지면 나는 그야말로 진정성 있고 논리적인 글을 쓰게 되고 구체적인 나를 만나게 되기 때문이다. 이렇게 깊어진 글로 진짜 나란 사람을 만날 수 있게 되기 때문이다.

나를 만나고 알기 위해 깊이 더 깊이 들어가는 것도 분명 중요하지만, 진정성 있는 글을 쓰기 위해서도 글쓰기는 깊어져야 한다. 세련되며 논리적으로 잘 쓰기 위한 글쓰기를 말하는 것이 아니다. 화려한 문체를 말하는 것 또한 아니다. 내가 말하는 것은, 진짜 써야 할 것은 놓치지 않고 쓰는 그런 글을 말한다. 이것이야말로 우리의 글쓰기가 깊어져야 하는 이유, 구체적으로 표현해야 하는 이유가 아닐까.

좀 더 깊어지고 싶다면, 좀 더 깊게 나를 만나고 싶다면 용기를 내어보자. 마음의 빗장을 열고 깊이 더 깊이 들어가자. 그곳에 진짜 당신 이야기가 당신을 기다리고 있을 것이다.

많이 읽고 많이 써보라

많이 읽고, 많이 쓰고, 많이 생각하고, 많이 기록할 것!

어느 날, 이런 생각이 들 수 있다.

내가 쓴 글들을 보고 '내 글은 왜 이리 발전이 없는 걸까, 더 자세하게 표현하고 싶은데, 더 세련된 표현은 없는 걸까?'

진부하고 상투적인 표현이 눈에 거슬린다면, '쓸데없는 말은 왜 이리 많아, 읽기에 유연하지가 않네.'라는 생각이 든다면, 다시 말해 글이 좀 더 나아지고 싶다면, 좀 더 반듯해지고 싶다면 지금부터 집중해라.

글쓰기 최고의 훈련법이라 전해지는 다독多讀 다작多作, 다상량多商量은 송나라 문인 구양수가 처음 제시한 글쓰기의 삼다三多다. 한마디로 많이 읽고, 많이 쓰고, 많이 생각해야 한다는 뜻인데 여기에 한비야는 글을 잘 쓰기 위해서는 다록多錄, 즉, 많은 기록이 필요하다고 하였다. 앞에서 이야기 한 글감, 메모 말이다.

인생사 그 어느 것도 노력 없이 되는 것은 없지 않은가. 글쓰기도 마찬 가지이다. 윌리엄 진서는 글쓰기가 단번에 완성되는 생산품이 아니라 점 점 발전해가는 과정이라는 것을 이해하기 전까지는 글을 잘 쓸 수 없다 고 하였다. 사실, 글쓰기뿐만이 아니다. 글쓰기가 아닌 그 무엇이라도 단 번에 완성되는 것은 없지 않던가. 음악이 됐든, 미술이 됐든, 영어회화가 됐든 단번에 잘 하는 것은 눈을 씻고 찾아봐도 어디에도 없지 않던가.

더군다나, 지금 시간과 노력을 들여 무언가를 하고 있다면 더욱 그렇 다. 사람은 누구나 앞으로 나가길 원한다. 제자리걸음을 하며 멈춰 있으 면 시큰둥해지고 소소한 재미가 사라진다. 지금 무언가 하고 있다면 시 간이 지나면서 더 나아져야 함은 당연한 일이다. 발전이 없다는 것은 참 으로 안타까운 일이다. '나는 재능이 없나? 재능도 없는데 뭘, 이쯤에서 그만 둘까?'라는 유혹에 빠질 수도 있기 때문이다.

비록 몇 개의 단어, 몇 개의 짧은 문장으로 시작한 글쓰기라도 시간이 지나면서 우리에게는 분명 선한 욕심이 생길 수 있다.

'좀 더 잘 쓰고 싶은데, 내 글이 좀 더 깊어질 순 없을까?'

글이 발전해야 함은 당연한데 그러려면 노력이 있어야 한다. 무언가 에너지가 공급되어야 한다는 것이다.

앞에 말한 구양수는 글을 잘 쓰기 위한 삼다三多 중 다독多讀을 제일 앞에 놓았다. 유시민은 "많이 읽지 않으면 잘 쓸 수 없다. 많이 읽을수록 더 잘 쓸 수 있다. 쓰지 않으면 잘 쓸 수 없다. 많이 쓸수록 더 잘 쓰게 된다."라고 하였다. 그렇다. 최고의 공급원은 책을 읽는 것이다. 책 읽기와 글쓰기는 글이라는 같은 재료를 가지고 있어 더욱 그렇다.

결국, 잘 쓰기 위해서는 깊고 넓은 독서가 필요하다는 것이다. 그러기에 글쓰기에 있어 읽기는 그만큼 중요하고 책을 많이 읽은 사람이 그만큼 글을 잘 쓴다는 것이다. 그러니 정말 글을 잘 쓰고 싶다면 일단은 독서 습관부터 들여야 한다.

한 번에 완벽하길 바라는 마음의 함정

다독多讀과 함께 대다수의 필자가 한결같이 뽑는 글 잘 쓰는 비법은 무조건 쓰는 것이다. 소설가 스티븐 킹의 말마따나, 뮤즈가 마법의 힘을 부리기를 넋 놓고 기다릴 게 아니라, 열심히 쓰다가 어느새 날아온 뮤즈에 도움을 받기를 바라야 한다는 것이다.

『예술가여 무엇이 두려운가』의 저자 데이비드 베일즈와 테드 올랜드는 '예술을 시작한 많은 그룹들이 중도 하차한 이유, 두려움의 본질'을 실험해 탐구한 적이 있다.

도예 클래스에서 A그룹과 B그룹으로 나눴다. A그룹은 작품을 양만을 가지고, B그룹은 질만을 가지고 평가할 것이라 말했다. 수업 마지막 날에 양을 평가하는 A그룹은 저울로, 질을 평가하는 B그룹은 완벽한 단 하나의 작품으로 평가받는다. 놀라운 것은 가장 훌륭한 작품들은 모두 A그룹이었다. 즉, 양으로 평가한 그룹에서 나왔다는 것이다. B그룹이 완벽한 작품에 대해 고민만 할 때 A그룹은 부지런히 작품들을 쌓아나가면서 실수로부터 배워나갔던 것이다. 그동안 B그룹은 가만히 앉아 어떻게 하면 완벽한 작품을 만들까 하는 궁리만 하다가 종국에는 방대한 이론들과 점토 더미 말고는 내보일 게 아무것도 없게 되고 말았다. 이처럼 양이 많아지면 질은 높아지는 것이다.

훌륭한 작품을 완벽한 작품과 동일한 것으로 생각하면 큰 오산이다. 예술은 사람이 하는 것이며 사람이라면 누구나 실수를 하기 마련이다. 그러므로 예술 작품에서 결점이 있는 것은 당연하다.

안셀 아담스는 자신이 찍은 사진의 모든 장면의 요소들이 정확히 완벽해질 때까지 기다렸다면 아마 한 장의 사진도 찍지 못했을 것이라고 고백하면서 "완벽은 선의 적이다."라는 격언을 자주 사용하였다. 아담스가 옳다. 정확하다고 해서 대단히 완벽한 것은 아니지 않은가. 지금 작품에서 결점을 찾게 되면 완벽하게 할 수 있다고 상상하는 방향으로 조정해 나가면 된다.

그러나 예술 작품은 완벽해야 한다고 믿게 되면 점차로 그런 작품을 만들 수 없다는 확신에 잠식당하고 만다. 다음 예술 작품의 씨앗은 바로 불완전한 오늘의 작품 속에 섞여져 있는 것이 아닐까. 그러한 결점이나 실수들은 다음 작품을 이끌어주는 객관적인 안내자가 되어준다.

글도 숙성되어야 제맛이 난다

혹시 이런 말을 아는가? "글도 숙성되어야 한다." 나는 글을 쓰면서 그야말로 글도 숙성되어야 한다는 것을 알았다. 김장김치도 숙성이 되어야 깊은 맛이 나고 밭에서 갓 나온 호박 고구마도 2주 정도는 숙성되어야 제맛이 난다. 김치에 들어간 모든 양념들은 서로 간에 알콩달콩한 시간들을 보내야 다정도 병인 양한 톡 쏘는 깊은 맛을 낸다. 숙성 기간이 중요하고 필요하다는 것이다. 제아무리 맛있다는 호박 고구마라 해도 마찬가지다. 잡다한 흙 성분이 다 빠져나와야 그야말로 달콤하고 부드러운 맛난 호박 고구마가 될 수 있다. 불필요한 흙 성분의 냄새와 맛이 느껴지면 달콤한 호박 고구마의 맛을 제대로 맛을 느낄 수가 없기 때문이다. 그렇다. 내가 쓴 글도 숙성 기간이 꼭 필요한 것이다. 그래야 불필요한 요소들이 사라진다.

내가 쓴 글도 마찬가지다. 애정을 가지고 계속 읽다 보면 어색한 부분도 보이고 불필요한 부분도 보인다. 불필요한 부분은 제거하고 어색한 부분은 계속해서 수정해야 하는 숙성 기간이 필요하다는 것이다. 다시 한번 말하지만, 글도 숙성되어야 진짜 깊고 달콤한 맛이 난다. 내가 내고자 했던 제맛이 난다.

놓칠 수 없는 한 가지 중요한 사실이 있다. 글을 쓸 때 글을 쓰는 재미와 관심을 동시에 느끼기 위해서는 흔해 빠진 진부한 표현은 지양해야 한다는 것이다. 상투적 표현도 마찬가지다. 낡고 케케묵은 표현에서 벗어나 신선하고 세련된 표현을 찾기 위해서는 지속적인 공부가 필요하다는 것이다. 사고와 학문의 경계를 넘나들며 나의 글이 좀 더 나아지기 위해 공부하자. 글쓰기의 쏠쏠한 재미가 그곳에 있다.

유시민은 그의 책 『유시민의 글쓰기 특강』에서 "누구든 노력하고 훈련하면 비슷한 수준으로 해낼 수 있다. 논리 글쓰기는 문학 글쓰기보다 재능의 영향을 훨씬 덜 받는다. 조금 과장하면 이렇게 주장할 수 있다. 노력한다고 해서 누구나 안도현처럼 시를 쓸 수 있는 건 아니다. 하지만 누구든 노력하면 유시민만큼 에세이를 쓸 수는 있다."라고 하였다. 보편적이고 공감할 수 있는 논리성은 누구나 노력하면 가질 수 있는 것이다.

사람에게는 어떠한 작은 재능이라도 있지만 혹 보이지 않는다 하더라도 실망하지 말고 노력해보자. 하고자 하는 마음만 있으면 모든 것은 모이게 되어 있다. 무엇보다 쓰고자 하는 마음이 중요하다. 이 마음을 꽉 붙들고 깊이 더 깊이 자신의 이야기를 찾아보자.

프란시스 베이컨은 독서는 충만한 인간을 만들고 토론은 준비된 인간을 만들며 글쓰기는 완전한 인간을 만든다고 하였다. 그에 따르면 결국 완전한 인간은 글쓰기를 통해 만들어진다는 것이다.

완전한 인간! 참 쉽다. 글만 쓰면 된다. 자. 펜을 들어라. 완전한 인간이 되는 순간이다.

메모를 우습게 보지 마라

작지만 큰 힘, 메모!

나는 짧은 메모의 힘을 겨자씨라고 생각한다. 말씀에도 있지 않은가. 겨자씨만 한 믿음만 있다면 이 산을 들어 저리로 옮긴다는. 이 겨자씨만 한, 짧은 메모가 있다면 당신은 글쓰기를 시작할 수 있으며, 이 산을 들어 저리로 옮기는 괴력을 만날 수 있을 것이다. 그러니 어서 메모지를 준비하여 글쓰기의 작은 겨자씨, 메모부터 시작하자.

글쓰기의 습관이나 경험이 없다면 처음부터 긴 글을 쓰며 완성된 하나의 글을 쓴다는 것은 어려운 일이다. 그러니 쓰고 싶은 이야기나 어떠한 생각이 번쩍 떠올랐다면 그것들을 짧더라도 우선 메모부터 시작할 것을 권한다. 이런 겨자씨 메모들은 당신의 글쓰기를 체계적이며 논리적으로 풀어가게 도울 것이다. 메모하는 습관은 보너스가 되고.

처음 나의 글쓰기 또한 메모 형태가 많았다. 짧은 메모부터 긴 메모까지 다양했다. 공통분모를 가진 몇 개의 메모들을 합하거나 핵심만 간추린 메모들에 살을 붙이면 그럴듯한 하나의 글이 완성되었다. 처음부터 완성된 글을 쓴다는 것은 분명 어려운 일이지만 이렇게 하나씩 글을 완성하며 글이 쌓이는 재미는 쏠쏠했다. 이런 재미에 빠지다 보니 얼마 지나지 않아 한두 장짜리 긴 글이 써지기 시작했다. 결론적으로 메모는 엄청난 글쓰기 훈련인 것이다.

사실, 메모는 냉정하게 말하자면 글쓰기는 아니다. 잠시 잠깐 스쳐 가는 무언가가 공중에서 사라지기 전에 잠시 붙잡아주는 정도의 역할이다. 그러나 나는 철저하게 메모 힘을 믿는다.

겨자씨 메모! 메모는 이렇게 작디작지만 상상할 수도 없는 큰일을 한다. 도대체 이 겨자씨만 한 메모의 힘은 어디까지일까?

안철수는 노트북 바탕 화면에 '글 소재'라는 파일을 만들어 놓고 틈나는 대로 메모를 했다. 메모를 하면서 아이디어가 떠오르는 대로 사업에 대한 복잡한 생각을 정리하고 방향을 잡으면서 구체화하였다. 그는 "나는 생각이 나면 메모했다. 메모지를 묶은 것들이 책이 됐다."는 말을 할 정도였다. 안철수가 그 바쁜 와중에도 10권의 책을 쓴 것은 메모 습관 덕분이 아닐까?

프랜시스 베이컨 또한 어떤가. 그는 '필요할 때 쓰기 위해 적어둔 즉흥적인 생각들'이란 주제로 모아둔 메모 덕분에 수많은 원고를 남겼다.

메모하는 습관이 사업을 크게 일으킨 경우도 있다. 배영호 코오롱 석유 화학 사장. 그는 메모광이다. 그가 평직원 때부터 꼼꼼히 써온 손때 묻은 다이어리에는 그의 사업 철학과 성공 비결이 빽빽이 담겨 있는데 어떤 경우에도 메모하는 습관만큼은 결코 버릴 수가 없었다고 한다.

GE를 설립한 세계 최고의 발명가 에디슨과 GE를 세계 최고의 기업으로 올려놓은 잭 웰치 또한 문득 스쳐 가는 생각 하나라도 아이디어로 만들 수 있도록 평상시 메모하는 습관을 지니고 있었다. 1983년 1월 잭 웰치는 한 식당에서 부인인 캐롤라인과 식사를 하던 중 갑자기 만년필을 꺼내 들고 냅킨에 무언가를 써 내려가기 시작했다. 그러더니 동그라미 세 개를 그리고 'Core, High Tech, Service'를 적었다. 이렇게 탄생한 '세 개의 원'은 GE 개혁의 바이블이 되었다.

이런 상황에서 메모는 목적이 바뀌고 있다. 사람들은 보통, 메모라고 하면 무엇을 잠깐 적어두거나 어떤 내용을 전달해주는 정도로만 여겼지만 성공한 사람들이 어떻게 메모를 수집하고 관리하며 활용하는지에 대한 것들이 공개되면서 메모에 대한 관심과 중요성이 더욱 높아지고 있는 것이다.

『메모 습관의 힘』을 쓴 신정철은 메모 습관은 일과 삶에 변화를 준다고 하였다.

"하루 5분 짧은 시간이라도 틈틈이 메모하는 습관을 들이면 평범한 일상이 비범한 순간들의 연속으로 바뀌는 놀라운 기적을 경험하게 된다. 메모 습관은 우리의 일과 삶에 점진적으로 변화를 가져오다 어느 순간 극적인 변화를 선물한다. 시간의 복리를 부르는 메모 습관으로 어제보다 더 나은 오늘을 창조할 수 있다."

잘 알다시피 히딩크, 이건희, 잡스, 에디슨, 뉴턴, 링컨 대통령 이들도 모두 메모광이었다. 매일 메모를 하며 성공의 조각을 모은 것이다. 남보다 앞서가는 사람은 머리가 좋은 사람이 아니라 메모를 잘하는 사람인 것이다.

자, 이제 메모를 시작하자. 인생에 메모 습관 하나만 추가해도 굉장히 큰 변화가 찾아올 것이다.

메모 습관을 익히자

그럼 이 메모의 시작은 어떻게 시작하면 좋을까? 『365일 매일 쓰는 메모 습관』의 저자 조병천은 낙서를 하는 것부터 시작하고 금전출납부, 가계부를 쓰고 일기를 쓰는 것부터 시작해서 메모 습관을 기르는 것이 중요하다고 하였다. 메모를 지속적으로 한다는 것은 쉬운 일이 아니기 때문에 목적이 있는 글을 쓰다 보면 어느덧 메모 습관이 몸에 밴다는 것이다. 또한 자신만의 지식 데이터베이스를 만들기 위해서는 모든 메모를 한 곳에 집중시키는 것이 중요한데 원하는 메모를 빨리 찾을 수 있고 찾고자 하는 메모가 연관성 있는 메모까지 함께 찾을 수 있는 장점이 있기 때문이다.

흔히 아는 속담 중에 "구슬이 서 말이라도 꿰어야 보배다."라는 속담이 있다. 아무리 많은 메모를 하고 데이터베이스를 구축해도 그것을 활용하지 않으면 그냥 종이쪽지에 불과하기 때문이다.

나는 대학 때부터 다이어리를 사용하였다. 지금도 다이어리를 사용하고 있다. 자주 노트도 사고 손바닥만 한 얇은 수첩도 여러 개 산다. 기록을 위한 것이다.

대학 시절 참 열심히 살았다. 공부도 아르바이트도 열심히 해야 해서 다이어리에 모든 해야 할 것들을 기록하며 시간을 쪼개어 공부하고 아르바이트를 하였다.

다이어리 큰 면에는 나의 생각들, 비전과 기도문 등 참 여러 가지 이야기들이 많았다. 책을 읽으며 중요한 내용들을 메모하였고 설교 시간의 메모는 필수였다. 나는 작사를 하고 작곡을 하였기 때문에 작사를 위해서도 글들을 모았던 것이다.

이런 겨자씨만 한 메모는 모든 작사의 씨앗이 되었다. 그때의 습관이 지금도 지속되고 있다. 지금도 여전히 책을 읽거나 말씀을 듣거나 할 때 중요한 내용들은 기록해놓고 작사를 하거나 글을 쓸 때 도움을 받는다. 생각해보면 그때의 메모 습관이 나를 이만큼 키운 것이 아닐까.

많은 책을 읽은 후 감상문을 쓰는 것과 안 쓰는 것의 차이는 하늘과 땅의 차이만큼 크다. 감명 깊은 영화를 보거나 음악회를 다녀온 후도 마찬가지다. 단 몇 줄이라도 기록을 해놓으면 감상문을 썼던 것은 잊혀지지 않는다. 가끔씩 TV를 보다가도 감동적인 이야기를 만날 때면, 재빠르게 메모지부터 찾는다. 나중에 해야지 하고 생각하면 어디론가 벌써 자취를 감추어버리기 때문에 감동적인 이야기는 메모부터 해야 한다. 탤런트 차인표의 동생 이야기, 가수 양희은의 암 투병 이야기, 어느 응급실 의사 이야기 등 진한 감동은 기록으로 남기지 않으면 소멸되기에 모두 재빠르게 메모가 되었다.

지금도 여전히 어디를 가든, 무엇을 하든 메모할 것들을 찾는다. 수첩을 준비한다는 것이다. 스마트폰으로도 메모를 하지만 손바닥만 한 가벼운 수첩을 늘 지니려고 한다. 급할 땐 일단, 사진으로 찍기도 하고, 녹음 기능도 활용하며 어떻게든 메모를 한다. 집안 이곳저곳에도 포스트잇을 준비하여 떠오르는 생각들을 놓치지 않으려 노력한다.

어떤 감동도 느낌표에서만 끝난다면 얼마 안 가 아쉬움과 후회만이 남을 것이다. 내가 글로 썼다는 것은 내 안에 씨를 뿌리는 것과 같으며 그 씨앗은 분명 어디에선가 열매를 맺을 것이다. 나는 겨자씨만 한 단 몇 줄의 메모에서 열리는 열매를 똑똑히 자주 보았다.

메모! 우습게 보지 말자. 성경 말씀에 네 시작은 미약하였으나 그 끝은 창대하리라는 말씀이 있다. 글쓰기가 딱 그렇다. 시작은 미약한 메모였으나 그 끝은 특별하고 놀랍고 신기하고 아름다운 글쓰기의 세계 아니던가.

그러니, 단어 몇 개, 짧은 문장 몇 개만으로도 괜찮으니 우선 몇 개의 단어로 출발하든 짧은 문장 몇 개로 시작하든 시작을 하는 것이 중요하다.

잭 웰치는 변화가 필요하기 전에 변하라고 하였다. 당신에게 어떤 변화가 필요하다면 당신은 메모 글쓰기부터 시작해야 한다. 메모는 삶을 변화시키기 때문이다.

자, 펜을 들어라. 이 메모가 당신을 어떻게 변화시킬지 당신은 모르지만 나는 아주 잘 안다. 메모부터 시작하라.

블로그를 증인으로 삼아라

블로그로 소통의 대열에 합류하라

글을 쓰면서 가장 잘했다고 생각하는 것 중의 하나가 블로그에 글을 올리는 것이었다. 다시 말해 블로그를 증인으로 세우는 것이었다.

블로그의 시작은 김민식의 『매일 아침 써봤니』가 결정적이었다. 나는 바로 블로그를 개설하였다. 처음에는 솔직히 이런 글을 올려도 되나 무척 망설였으나 현재 상황 가운데 나를 내보일 수 있는 것만큼만 잘 조절해서 올리기로 결정하고 글을 올렸다. 소통을 시작한 것이다. 그가 말하는 즐거운 소통의 대열에 합류한 것이다.

그런데 이런 울컥하는 소통이라니! 어느 날 '반전이라는 거.'라는 글을 올렸는데 이웃이 댓글을 달았다. '어떤 반전을 이루실지 기대가 됩니다.' 나는 울컥했다. 사실이다. 진짜 가슴이 뭉클하였다.

글쓰기의 시작은 반드시 블로그를 증인으로 세우고 시작하는 것이 중요하다고 생각한다. 왜냐하면, 블로그의 환경이 처음 글쓰기를 시작하는 사람들에게 선생의 역할을 할 수 있기 때문이다.

　처음 글을 쓸 때는 너무 서투르고 어색해서 포기하고 싶은 생각이 자주 들 수 있기 때문이다. 이럴 때 블로그가 진짜 사람은 아니어서 이러쿵저러쿵 말은 못 한다 할지라도, 블로그를 개설하고 시작하는 순간 그의 환경은 저절로 선생이 되기 때문이다. "다른 블로그를 방문해 보세요. 글을 읽어 보세요. 매일 쓰면 잘 쓸 수 있어요. 글을 잘 다듬어 보세요." 블로그는 물론 자율적이긴 하나 곁길로 가지 못하게 하는 힘이 있으며 그의 환경은 글쓰기를 발전시킬 수 있는 최적 환경이기 때문이다. 그러므로 글쓰기의 출발점이 블로그라면 참으로 훌륭한 출발이다.

　블로그는 인터넷을 뜻하는 '웹(web)'과 항해 일지나 항공 일지를 뜻하는 '로그(log)'의 합성어로 자신의 관심사에 따라 칼럼, 서평, 일기, 기사들을 올리는 웹사이트를 말한다.

　인터넷이라는 넓은 세상에 집을 지은 블로그는 생동감 있는 글쓰기와 소통이라는 두 마리 토끼를 제공한다. 이것은 처음 글을 쓰는 사람들에게 올 수 있는 막막함과 지루함을 짜릿한 즐거움으로, 이웃과의 신선하고도 아름다운 소통을 통해 무한 정보들을 나누며 무엇이든 배우게 된다. 블로그에 있는 글쓰기의 최적 환경은 나 스스로를 성장시키며 다른 사람에게 도움을 주는 온라인 세계를 구축하기 때문이다.

이런 세세한 장점도 있다. 스마트폰이 대중화되면서 블로그는 늘 순발력 있게 메모를 할 수 있다는 것이다. 메모지를 따로 갖고 다니면서 틈날 때마다 쓰는 것도 좋지만 스마트폰으로 사진을 찍든, 음성 입력을 하든, 녹음을 하든, 손쉽게 메모를 할 수 있는 장점이 있다.

더군다나 블로그는 언제 어디서나 간편하게 접속해서 간편하게 쓸 수 있지 않은가. 블로그에 글을 저장하고 글을 쓴다는 것은 내가 어디에 있든지, 공원 벤치든, 카페든, 지하철에서든 마음만 먹으면 글쓰기를 할 수 있는 것이다. 어떤가. 이 정도면 글쓰기에 최적의 환경이 아닐까.

블로그는 글쓰는 습관을 길러준다

더 나아가, 블로그에 계속 글을 쓰면 좋은 습관이 하나 생기는 것이 된다. 이 습관은 매일 글을 쓰는 습관, 매일 감사 일기를 쓰는 습관, 독서하는 습관, 그리고 독서를 하고 독후감 쓰는 습관 등이다. 이 습관을 잘 지켜나간다면 글쓰기로 사는 인생 그리 어렵지 않다고 믿는다.

중요한 것은 이 습관이 노하우와 지식, 경험을 축적해 전문성을 갖춘 나만의 콘텐츠가 된다는 것이다. 놀랍지 않은가. 블로그 글쓰기 습관이 나를 성장시키는 것이다.

김민식은 『매일 아침 써봤니』에서 이런 이야기를 하였다.

"꿈꾸는 사람들에게 자신의 꿈을 블로그에 담아보라고 말씀드리고 싶어요. 모든 블로그는 앞으로 가고 싶은 누군가의 삶이자 누군가의 꿈입니다. 꿈이라 해서 꼭 거창할 필요는 없어요. 오랜 자취 생활로 갈고 닦은 요리 실력을 뽐내는 것도 멋진 콘셉트의 블로그입니다."

좋은 글쓰기 습관을 위해서라면 블로그에 무엇이든 마음 내키는 대로 내가 쓰고 싶은 내용을 마음껏 쓰는 것이 중요하다. 블로그에는 비공개로 나만의 비밀 공간이 있기 때문이다. 그러나 계속해서 비밀 글만 쓰면 글은 늘지 않는다.

채널 예스 인터뷰에서 은유 작가는 말했다.

"비밀 글만 쓰면 글은 늘지 않는다. 글도 사람처럼 혼자서만 사적인 공간에서만 쓰면 성장할 수 없다. 글도 사람이랑 똑같다. 세상에 나와 부딪치고 넘어져야 글도 성장한다. 블로그에 일기를 한 장 쓰고 비밀글로 처리하면 글이 늘지 않는다."

나에게도 비밀 글이 있다. 아무도 보지 않는 글에는 긴장감이 느껴지지 않는다. 이상하게 공개로 돌리고 나서 다시 들여다보면 허물도 보이고 고쳐야 할 것도 눈에 띈다.

그러니 글을 공개로 돌리기 전에, 오랜 시간 들여다봐야 한다. 이때가 앞에서 말한 글을 숙성시키는 시간이다. 문맥이 맞지 않는 것은 없는지, 이상한 표현은 없는지. 술술 잘 읽히는지 등을 몇 번이고 확인하는 것이다. 저절로 글이 숙성되는 시간이다. 최적의 블로그 글쓰기 환경이 아니면 어찌 이런 수정이 가능하겠는가. 그러니 처음 글쓰기의 시작은 블로그여야 하는 것이다.

처음 블로그에 글을 쓸 때 제일 두려웠던 점 두 가지는 '누군가가 나의 글을 보고 못 쓴다고 흉보지는 않을까?', '이 사람은 왜 이리 아픈 이야기를 올리냐고 하지 않을까?'였다. 김민식 PD도 나와 같은 생각을 했던 것 같다.

"저는 매일 아침 블로그 글쓰기로 용기를 피웁니다. 글을 쓸 때 '이게 재미있을까?', '사람들이 이걸 보러 올까?', '이런 후진 글을 썼다고 흉보지는 않을까?' 이런 고민은 하지 않습니다. 그냥 그 순간 가장 쓰고 싶은 글을 씁니다. 매일 하나 읽을 글감을 떠올리고 제목을 뽑고 편집을 하며 창의성을 단련합니다. 속으로 삭이기만 해서는 절대 발전하지 않아요. 자꾸자꾸 끄집어내야 합니다."

그는 『매일 아침 써봤니』에서 블로그 글쓰기를 고민하는 사람들에게 이런 이야기를 한다.

"매일 블로그에 새 글을 올리면서도 같은 고민을 합니다. 이게 과연 내가 쓸 수 있는 최고의 글일까? 그렇게 생각하지는 않아요. 하지만 그렇다고 좋은 글이 나올 때까지 기다릴 생각은 없습니다. 조금 부족하더라도 끈질기게 매일 올려야 날마다 찾아오는 사람이 늘고, 보는 사람이 늘어야 신이 나서 글도 쓰고, 그래야 결국 글도 는다고 믿거든요."

나에게도 이런 고민이 있다. 수준 높은 글을 올릴 수 있을까? 언제쯤이면 유명한 블로거들처럼 방문자들도 많고 공감과 댓글을 받을 수 있을까? 그러나 더는 고민하지 않는다. 대신 끈질기게 도전하기로! 매일 기록하는 글이 쌓이고 깊어지면 조금이라도 성장할 것이다. 고민은 희망이 될 것이다.

여전히 글쓰기를 두려워하는 사람들에게 『파워 블로그』의 저자 이재범은 이렇게 말했다.

"누구나 내가 쓴 글을 읽은 후에 오는 비난이 두려워서 혹은 전문 작가들의 글을 읽은 후에 드는 자괴감 등으로 인해 글쓰기를 꺼릴 수 있어요. 하지만 전문 작가들도 완벽한 글을 쓸 수는 없어요. 이렇게 해보세요. 불특정 다수에게 쓴다고 생각하지 말고 가까운 친구에게 이야기하듯 써보세요. 그렇게 되면 누군가의 시선을 의식하지 않고 좀 더 진솔하게 표현할 수 있을 겁니다. 그리고 무엇보다 나의 경험을, 나의 이야기를 쓰세요. 소소하고 평범한 일상 이야기를 쓰는 것이 편하고 진정성이 있습니다. 중요한 것은 사람에 따라 재능의 차이는 있지만, 글을 통해 어느 정도 자신의 생각을 타인에게 전달할 수 있습니다. 그러므로 꾸준히 노력하면 글은 늘 수 있습니다. 시간을 투자하는 만큼 글은 늘게 되어 있습니다."

글쓰기를 시작하는 그 누구라도 블로그를 증인으로 세우면 당신에게 있는 꿈과 희망은 당신 것이 된다.

거듭 생각해도 블로그는 아주 좋은 메모지다. 메모지를 따로 갖고 다니면서 틈날 때마다 쓰는 것도 좋지만 블로그는 스마트폰이 대중화되면서 언제 어디서나 간편하게 접속해서 마음 놓고 쓸 수 있지 않은가. 또한, 어디에 있든지 컴퓨터만 있다면 글쓰기를 시작할 수 있지 않은가. 그러므로 블로그는 글쓰기의 생산성에 최고의 가치가 있는 것이다.

글을 써라. 그리고 글쓰기에 최고의 꿈과 생산성을 더해줄 블로그를 증인으로 세워라. 당신은 분명 잘 해낼 것이다. 당신에게는 블로그가 있으니까.

감사 일기는 꼭 써라

감사 일기의 가장 큰 감사

감사 일기를 시작한 순간, 삶의 빛깔은 짙은 회색에서 파스텔 톤으로 바뀌었다. 모든 시선은 어딘가에 있을 감사를 찾으려고 애썼다. 순간, 깨달았다. 감사는 하는 것이 아니라 찾는 것이었다. 그 감사는, 어딘가에 놓치고 있던 감사가 됐든, 미운 털이 박힌 어떤 사건이 됐든, 그저 감사였다.

감사 일기는 아이러니하게도 통증으로 가장 어려웠던 시간에 시작되었다. 친하게 지냈던 찬양 대원의 말이 생각난 것이다.

"선생님, 감사 일기 한번 써보세요. 세상이 달라 보여요."

곧이어 존경하는 유기성 목사님의 말씀이 떠올랐다.

"사람은 감사가 나오면 살 수 있습니다. 감사를 고백하면 살 수 있습니다."

집 밖을 나가지 못할 정도의 엄중한 시간에 시작된 감사 일기, 나는 그 플라시보에 얼마나 찬탄을 하였는지 모른다. (플라시보 효과는 알다시피 긍정적인 생각이 긍정적인 결과를 낳는다는 이론이다.) 그렇다. 감사 일기의 가장 큰 감사는 모든 시선이 감사할 거리를 찾아서 반짝거린다는 것이다.

감사할 거리를 찾아서 거실을 둘러보고 주변을 둘러보았다. 나의 부모님과 형제, 자매, 친구와 이웃을 둘러보았다. 어린 시절도 둘러보았다. 지휘자 시절도 둘러보았다. 비록 다섯 개의 짧은 감사 일기였으나, 웬일인지 시선이 머무는 모든 곳에 감사가 흘렀다. 그냥 바람처럼 스쳐 지나가는 곳에서도 감사의 조각들이 보였다.

다시는 음악을 하지 않겠다던 선언은 음악이라는 소재로 '조수미를 아시나요. 지휘자로 살고 싶었다. 소나타를 아시나요.' 등의 글을 남겼다. 어느 날인가는 눈을 흘기며 발로 툭 차며 지내던 며칠 전 약국에서 타온 두툼한 한 달 치 약 봉투에게도 '약아 고마워'라는 한 편의 글을 남겼다.
속절없이 지나가 버린 시간도 둘러보고, 여전히 온전치 않은 육체마저도 둘러보며, 감사할 거리를 찾는다는 것. 사실, 이것이 삶 가운데 얼마나 중요한가는 더 말하지 않아도 아는 사실 아닌가.

이처럼 모든 생각, 모든 사물 위에 빛나는 감사는 그 어떤 부정적인 것에도 감사 일기를 쓰는 순간 시작되었다. 나는 이 사실이 믿기지 않을 만큼 신기하고 놀라웠다. 어째서 미움, 결핍까지 감사가 되는지 말이다. 감사는 그 어떠한 부정적인 것이라도 녹여 긍정으로, 결핍은 만족으로, 가난함은 부유함으로, 미움은 사랑까지는 아니어도 이해라는 최소한의 용서로 재창조되는 힘이 있었다.

답은 언제나 내 안에 있었다. "나는 감사할 줄 모르면서 행복한 삶을 한 번도 보지 못했다."라는 지그 지글러스의 말처럼 삶 가운데 감사 일기는 삶을 참으로 풍요롭고 매력적이며 멋스럽게 만든다. 왜냐하면, 감사 일기를 쓸 때와 감사 일기를 쓰지 않았을 때의 삶은 비교도 할 수 없을 정도로 다르기 때문이다.

오프라 윈프리는 그녀의 성공 비결은 바로 감사 일기를 쓴 것에 있다고 하였다. 그녀는 "감사 일기를 쓰면서 내 인생은 완전히 달라졌다. 나는 비로소 인생에서 소중한 것이 무엇인지, 삶의 초점을 어디에 맞춰야 하는지를 알게 되었다."라고 하였다. 그렇다. 분명, 감사한 마음을 가지면 삶의 초점이 변하고 부정적 에너지가 긍정적 에너지로 바뀐다. 나는 이렇게 덧붙이겠다. 감사 일기를 시작한 순간 삶의 빛깔이 달라질 거예요!

삶을 바라보는 관점이 바뀐다

감사 일기를 시작하면 삶을 바라보는 시선! 즉, 거실의 빛깔, 집 안의 공기, 온도가 다르다. 더 직접적으로는 내 안에 있는 상처, 고통, 아픔, 절망감을 바라보는 시선이 다르다. 더 나아가 인간관계, 일 관계 등 그 어느 것에서도 그렇다. 우리 인생에서 만나는 각양각색의 그 어떤 시간, 그 어떤 사건이라도 감사 일기는 녹여서 새로운 감사를 창조하기 때문이다.

언제나 일에 쫓기고 물질, 건강, 불편함, 억울함, 온전치 못함, 지치기도 허무하기도 한 우리들의 인생이 불꽃같은 눈동자로 감사를 찾는다는 거. 이런 가운데서 감사할 거리를 찾는다는 것은 얼마나 중요하며 감사한 일인가. 매일의 삶을 감사로 바꾼다는 것! 이것이 바로 감사 일기의 매력 넘치는 힘이다.

나는 치열하게 글을 썼고 감사 일기를 썼다. 분명하게 말할 수 있는 것은 감사 일기를 쓰는 것이야말로 우리의 삶을 바꿀 수 있는 가장 빠르고 쉬우며 강력한 방법이 된다는 것이다. 감사 일기를 써라. 감사 일기는 우리의 인생을 더욱 행복하고 값지게 만들어 주는 소중한 선물이 되며 감사를 고백할수록 그것이 행복을 불러오고 그 행복은 또 다른 감사할 일들을 낳게 되는 것을 알게 될 것이다.

나는 감사 일기를 이렇게 썼다.

감사 일기는, 하루에 다섯 개를 정하여 쓰기 시작하였다. 감사한 목록과 감사한 이유, 두 문장이면 된다. 그리고 그것을 SNS에 올렸다. 길게 쓰는 것이 중요한 게 아니라 매일 꾸준히 쓸 수 있는 자신만의 목표를 정하는 것이 중요하다. 매일 빠지지 않고 꾸준히 쓰는 것, 마음 근육을 감사로 단련하는 과정으로 인식하고 신체를 단련하듯이 매일 꾸준하게 지속적인 노력을 하는 것이 중요하다. 어느 날의 감사 일기 두 편을 소개하겠다.

독서 치유에 대한 책을 읽다 깜짝 놀랐다.

내가 주변의 그 누구와도 비교를 하지 않고 있다니, 언제부터지?

대박 감사하다.

전혀 다른 세계로의 길을 준비하면서 그다지 두렵지 않으니 신기하고 감사하다.

피아니스트 조성진과 새벽 산책을 함께 하였다. 쇼팽, 라흐마니노프 잘 들었어. 낼 또 만나.

대박 감사하다.

거울에 비친 내 모습이 분위기 있어 보인다. 웬일이지? 요건 더더욱 대박 감사하다.

그냥 감사하기로 맘먹었다. 그러니 아픔, 고통, 근심은 나한테 침 바르지 마. 네 거 아냐.

대박 감사하다.

울컥했던 마음이 정리되니 감사하다.

감사해요! 감사가 다시 시작되었어요!

새벽 산책로에서 만난 바람이 나를 반기며 쓸어주니 감사하다. 근데 우리 낮에도 만났음 해.

살살 도서관을 다녀오니 감사하고

도서관에서 5권의 책을 빌릴 수 있어 감사하다.

"아픈데 내가 어떻게 하니!"가 아닌 내가 듣고 싶은 대답을 해주는 언니에게 감사하다.

너는 잘할 거라며. 내게 있는 아픔과 고통이 이런 결정을 하게 하다니, 놀랍고 그저 감사하다.

옛 동료들이 능이 오리 백숙을 포장해와 함께 먹으니 감사하다. 다들 고마워요. 웃고 떠드느라 시간 가는 줄 몰랐어요. 모처럼의 즐거운 수다가 감사하다.

누군가 분명 나를 조정하는 거라며, 주변을 수색하는 나의 눈빛이 선하고 따뜻하게 반짝거림이 감사하다.

누군진 모르겠어요. 하지만 무조건 감사합니다.

감사 일기를 쓰는 시간은 어느 시간이든 괜찮으나, 나의 경우 아침 식사 후 커피를 마시며 조용한 시간에 감사 일기를 시작했다. 간혹, 5개의 감사가 채워지지 않으면 열어놓고 계속해서 감사할 거리를 찾았다. 결국, 저녁시간에 5개를 채우기도 하였다. 이렇게 감사를 채우는 것이 얼마나 중요한지는 누구라도 감사 일기를 시작하고 얼마 안 되어 바로 깨닫게 된다. 자신이 변하고 있다는 것을, 자신의 시선이 변하고 있다는 것을, 어떤 부정적인 것에라도 감사의 옷을 입히고 있다는 것을.

이제 당신은 감사 일기를 써야 한다. 감사 일기는 삶의 모든 미움, 결핍, 불편한 것, 안타까운 것들을 눈 녹듯이 녹여 감사로 재창조하기 때문이다. 그 어떤 어려움도 감사 일기 앞에서는 눈 녹듯이 녹기 때문이다. 감사를 방해하는 그 어떤 것이라도 감사 일기 앞에서는 맥을 못 추기 때문이다.

사람들은 이렇게 말한다. "감사 일기를 쓰니 매일 똑같은 일상인 줄 알았는데 그 속에 숨어 있는 작은 행복을 발견하게 돼요." 그렇다. 감사 일기는 희망이고 기적이다. 그러니 꼭 써라. 분명 당신을 살릴 것이다.

- 5 -

나를
찾아 떠나는
글쓰기 여행

나다운 인생을 찾는 여행

내 이야기를 꺼내 나를 배우기

나를 찾아 떠나는 글쓰기 여행이 마무리되면서 지인들과의 교제가 다시 시작되었다. 어느 정도 앉아서 식사와 차를 마시는 것이 가능해졌기 때문이다. 특별히 말수가 많지 않은 나이지만, 어디에서도, 누구를 만나서도 글쓰기에 관한 이야기를 꺼내고 있었다. 무표정했던 얼굴에 생기를 띠며 글을 쓴다는 것에 대해, 나를 찾아 떠나는 글쓰기 여행이 나를 어떻게 변화시켰는지에 대해 이야기를 할 때 눈을 반짝이며 듣던 지인들은 이렇게 물었다.

"나는 글을 쓴 적이 없는데 어떻게 해야 해요?"
"그럼 나도 한번 해볼까?"

5장은 이런 이유로 시작되었다.

이야기를 시작하기 전에, 이 글쓰기 여행은 시중에 나와 있는 치유의 책과는 시작점과 방법론에서 다른 점이 있다는 것을 밝혀두겠다. 이 여행을 치유라는 주제를 가지고 시작한다 해도 처음부터 상처나 아픔에 직접 대고 쓰지는 않는다는 것이다. 일반적인 글쓰기로 시작하지만 글쓰기에 있는 구심력이 동력을 일으켜 나를 찾는 글쓰기 여행이 시작된다는 것이다.

그렇다. 글쓰기에는 구심력이라는 놀라운 힘이 있었다. '나를 찾아 떠나는 글쓰기 여행'이 바로 구심력의 결과인데, 뿌연 연기를 일으키며 시동이 걸린 글쓰기의 동력은 구심력이라는 독특한 힘을 발생시키며 나를 찾아 떠나는 글쓰기 여행을 이끈다. 나는 언저리를 돌며 글을 썼지만 치열한 글쓰기에는 나를 끌어당겨, 나로 파고드는 힘, 즉, 구심력이 있었던 것이다.

중요한 것은 구심력이 이끈 글쓰기 여행의 시작은 자체 동력을 일으키며 다시 원심력을 발생시키는 것인데, 발견한 사실 하나는, 물리학에서 말하는 원심력과 구심력이 같다는 이론이 글쓰기에는 해당하지 않는다는 것이다. 글쓰기에 있는 원심력의 힘은 구심력보다 더 넓고 더 깊다. 이 원심력의 힘이 나를 찾아 떠나는 글쓰기 여행을 이끄는 것은 이 여행이 자신의 사명을 성공적으로 완수할 능력이 있음을 뒷받침하고 있다.
치유의 책을 보고 시작한 것도 아니요, 치유를 기대하며 미친 듯이 쓴 것도 아니었다. 그저 터질 듯 답답한 심경을 어찌해야 좋을지 몰라, 이 통증이라는 괴물을 어찌해야 좋을지 몰라, 저기 저 먼 곳으로 휙! 하니 떠나보내려 시작한 여행이었다.

그런데 이 여행이 전혀 생각지도 못했던 인생 전체에 가장 놀랍고도 특별한 치유의 여행이 되었다니! 서문에서도 밝혔지만 절박한 심정 단, 하나만을 챙긴 여행이었는데.

여행을 마치고 책을 쓰는 이런 특별한 시간을 갖는 것을 보면 나는 이 여행이 나뿐만이 아닌 지금을 사는 모든 사람에게 얼마나 중요한지, 우리 인생을 얼마나 단단하고 건강하게 하는지, 그리고 글쓰기가 어떻게 나다운 인생을 살게 하는지를 잘 알기 때문일 것이다.

나는, 이 여행이 오늘을 사는 우리 모두에게 필요한 일이며 몸과 마음에 상처를 받아 고통스러운 시간을 지내는 누군가에게는 더할 나위 없이 중요한 일이 될 것을 믿는다.

김영하는 〈세바시〉 강연에서 글쓰기는 한 인간을 억압하는 정신적, 육체적, 물리적인 모든 억압으로부터 해방시킨다고 하였다.(〈세바시〉, CBS) 글이 가진 놀라운 힘은 과거의 기억과 경험을 단, 몇 문장으로도 대면할 수 있다는 것이다. 그렇다. 객관적이며 진정성 있게 과거의 나와 마주하며 관찰하고 풀어내는 것은 그 안에 있는 상처와 직면하겠다는 결심이며 변화의 시작은 우리를 진정한 자유로 이끈다.

셰퍼드 코미너스 박사의 이야기도 들어보자. 그는 『치유의 글쓰기』에서 이렇게 말했다.

"우리들은 인생을 뒤바꾸는 사건이나 질병의 발이 묶이면, 세상으로 통하는 문이 닫혔거나 완전히 고립되었다는 느낌을 받는다. 이런 때 과감하게 문을 열어젖히고 밖으로 뛰쳐나가는 사람은 의외로 드물다. 대부분 혼자만의 동굴에 갇힌 채 창조적인 활동과는 아예 담을 쌓고 산다. 나는 인생을 구축하는 핵심 키워드 중에서 가장 중요한 것은 '창조성'이라고 믿는다. 자신의 삶은 누군가가 만들어 놓은 것을 빼앗아 오거나 선물 받는 게 아니라 자기 스스로 만들어나가야 하기 때문이다. 세상과 단절하고 살 때, 가장 먼저 소실되는 것이 창조성이다. 하기야 세상과 담을 쌓고 혼자만이 동굴에 숨어 사는데 창조성이 무슨 필요가 있을까?"

그는 이야기 끝에 이런 질문을 하였다.

"창조성을 개발하기 위해 어디서부터 시작할 것인가?" 출발점을 찾기 위해 우선 다음의 질문을 던져보자. "내 인생을 더욱 창조적으로 만들기에 필요한 것은 무엇인가?"

나는 이 질문의 답을 나를 찾아 떠나는 여행에서 찾아야 한다고 믿는다. 사실, 나에게로 파고들며 내 속 저 깊은 곳에 있는 나의 이야기를 끄집어내며 나를 배우는 것보다 창조적인 그 무엇이 세상 어디에 있겠는가. 이것이야말로 나로부터 시작되는 가장 창조적인 일이 아니겠는가.

진짜 치유는 나를 아는 것에서 비롯된다

이렇게 생각해보길 바란다. 나를 찾는 여행을 떠난 자와 그렇지 않은 자. 나는 아주 분명한 차이가 있다고 생각한다. 치열한 경쟁 사회에서 나를 아는 힘은 어떤 경우에도 세상을 이기기 때문이다.

나다운 인생을 찾기 위해서는 먼저, 내 속에 있는 것들을 쓰면서 비워내야 한다. 비워보자. 쏟아져 나온 그것들에는 나에 대한 가치, 정체성, 본질들이 있지만, 목젖을 치고 올라오려는 삶의 부유물들도 있을 것이다. 내 안의 잡동사니, 분노, 상처, 아픔 등도 있을 것이다.

염증을 일으키며 나를 못살게 구는 것들은 어찌 되었건 치유되어야 하지 않을까. 그래야 진짜 건강하고 나다운 삶을 살 수 있지 않을까. 자, 이제 여행을 떠나자. 쓰면서 나를 비우자. 글쓰기는 휑하니 비운 곳을 새로운 나, 오롯한 나로 채울 것이다.

사실, 입에서 단내가 풀풀 날 때도 있었고 정신이 아뜩하여 그대로 바닥에 주저앉고 싶을 때도 있었다. 다리가 아파 미칠 지경일 때도 많았다. 그러나 글쓰기가 이끄는 여행의 정차역은 늘 기가 막히게 아름답고 놀랍고 신기한 나라는 사람이었다. 그러니 이 여행은 나 아닌 누구라도 떠나야 하는 그런 여행인 것이다.

누군가는 이렇게 물을 수도 있다. "아픔과 고통의 현실을 직시하지 않는 거잖아요." 아니다. 현실을 직시하기 전에 먼저 할 일이 있다는 것이다. "도려내야 완전히 사라지는 거잖아요." 아니다. 나를 아는 힘으로 생성된 강력한 면역 체계는 그 어떤 아픔과 상처일지라도 피 흘리지 않고 쓸어버리는 힘이 있다. 수술은 수술 부위에 유착이라는 후유증을 남긴다.

이 여행에서 치유의 프로그램을 가장 마지막에 넣은 것은 그 어떤 치유도 나를 아는 힘으로부터 시작된다는 강력한 믿음 때문이다. 나를 아는 힘은 아주 독특하면서도 매력적인 강력한 면역 체계를 지녔음을 경험으로 알았기 때문이다. 나를 아는 힘은 아주 독특하면서도 매력적인 강력한 면역 체계를 지니게 됨을 경험으로 알았기 때문이다.

지금 우리에게는 치유가 필요하다. 치유에 직접 대고 치유를 시작하든, 글쓰기 여행에서 진정한 나를 만나 건강하고 단단한 치유를 시작하든, 당신에게는 어떤 이유로도 치유가 필요하다. 건강한 치유, 나를 찾아 떠나는 글쓰기 여행이 그것을 가능하게 한다.

내 모습을 똑바로 마주하는 여행

최대의 목표, '나는 누구일까?'

앞에서도 밝혔지만, 나를 찾아 떠나는 글쓰기 여행은 내게 있었던 특별하고도 생생한 경험을 정리, 5주간의 프로그램으로 재구성한 것이다.

'나를 찾아 떠나는 글쓰기 여행'의 가장 큰 목적은 '나는 누구인가?' 즉, 나를 이해하고 배우는 데 그 목적이 있다. 진짜 나를 발견하기 위해 글쓰기 여행을 떠나는 것이다.

『글쓰기의 최전선』에는 이런 이야기가 있다.

"이 세상에는 나보다 학식이 높은 사람, 문장력이 탁월한 사람, 감각이 섬세한 사람, 지구력이 강한 사람 등. '글을 잘 쓰는 사람'이 많고도 많다. 이미 훌륭한 글이 넘치므로 나는 글을 써야 할 이유가 없다. 그런데 내 삶과 같은 조건에 놓인 사람, 나와 똑같은 생각을 하는 사람, 나의 절실함을 대신할 수 있는 사람은 아무도 없다. 내가 쓸 수 있는 글은 나만 쓸 수 있다고 생각하면 또 기운이 난다."

이 여행은 나만이 할 수 있는 이야기를 쓰는 것이다. 나만의 이야기, 즉, 나만의 경험, 생각, 아픔, 절실함을 향해 글을 쓰는 것이다. 중요한 것은, 내가 쓴 글로 진짜 나를 만난다는 것. 지금의 내 모습과 똑바로 마주한다는 것이다.

분명, 이 여행은 오늘을 사는 우리 모두에게 필요하다. 그런데 이 이유는 또 어떤가.

나는 글을 쓰면서 제대로 된 나를 발견하면 건강한 면역 체계는 나를 못살게 구는 그 어떠한 슬픔과 아픔도, 고통과 절망도 당당히 쓸어 버리고 새로운 나를 세우는 것을 똑똑히 보았다. 글쓰기는 나라는 사람의 상한 감정의 깊을 정확히 분석하고 가장 적합한 치유를 한다는 것인데, 놀랍지 않은가. 그저 나의 이야기를 글로써 쓰는 것 뿐인데. 이 놀라운 치유는 누구라도 나를 찾아 떠나는 글쓰기 여행을 시작해야 하는 또 다른 큰 이유가 된다.

치료는 외부 도움으로 병을 고치는 것이라면 치유는 면역력을 키워 스스로 병을 고치는 것이다. 물론, 치료의 도움을 꼭 받아야 할 때도 있지만, 나를 찾아 떠나는 글쓰기 여행은 치유의 힘과 능력을 자신의 발견과 스스로가 일어설 수 있다는 믿음에서 출발한다. 글쓰기에는 그만한 힘과 기적이 있기 때문이다.

물론, 치유라는 목적지에 닿으려면 시간은 좀 걸린다. 그러나 글쓰기는 지루하게도 쉽게 지치게도 하지 않는다. 도리어 내 모습을 똑바로 마주하는 이 시간은 나 자신을 존중하며 배려하는 시간이기에 눈물겹도록 아름다울 뿐이다. 분명, 특별하고도 놀라운 시간이 될 것이다. 지나온 나의 삶을 따뜻이 보듬는 이 시간은 분명 놀라운 자기 치유의 과정이 될 것이다.

자, 이제 여행을 떠나자. 인내와 끈기를 가지고 시작하면 기어코 진짜 나를 찾을 것이다. 건강하고 새로운 면역 체계가 아픔, 고통, 절망들을 뺑뺑 차버리면서 말이다.

여행의 성격은 인터뷰 형태가 될 것이다. 나에게 묻는, 나의 마음에게 묻는, 나의 아픔에게 묻는 인터뷰. 어린 시절의 나에게 묻고, 학창 시절의 나에게 묻고, 딸로서의 나에게 묻고, 아내로서의 나에게 묻는 인터뷰 형식이다. 매주 제시된 주제 목록들을 찾아가 나에게 물어보자. 나 그때 어땠니? 그가 그렇게 이야기할 때 내 마음은 어땠니? 그 사건은 나에게 어떤 일이었니? 이런 식으로 말이다.

글쓰기에 있어 대화의 상대는 그 누구라도, 그 무엇이라도 가능하다. 심리학자인 프로고프 박사는 저널 쓰기 집중 훈련에서 다섯 가지 유형의 대화 기법을 제안했다. 즉 사람과의 대화, 사건·상황과의 대화, 일과의 대화, 몸과의 대화, 사회와의 대화가 그것이다. 거기에 『저널치료』를 쓴 캐슬린 아담스는 감정·느낌과의 대화, 물건·소유물과의 대화, 저항·요소와의 대화도 가능하다고 하였다.

이처럼 많은 글쓰기 치료 전문가들이 대화 기법 글쓰기를 권한 이유는 나와 상대의 대화 가운데 둘 사이의 역학 관계를 파악할 수 있기 때문이다. 서로의 이야기를 주고받으며 나를 돌아볼 수도, 타인의 입장을 이해할 수도 있는 효과가 있기 때문이다.

앞에서 글쓰기가 가진 직면의 힘에 관해 이야기하였다. 그런데, 인터뷰 글쓰기는 직면의 성격이 더 강하다. 더 효과적이다. 누구보다 나를 잘 알고 있는 내가 나에게 묻는 질문은 핵심적일 수밖에 없으며 나의 내면은 내가 무엇을 물어주기를, 무엇을 원하는지를 잘 알고 있기 때문이다.

이 상황은 이렇게도 이야기할 수 있다. 아주 오래전부터 내면이 그런 관심과 사랑을 받기를 원했다는 것으로. 이 사랑과 관심이 아픔과 절망, 모멸감까지도 솔직하게 털어놓게 하는 힘이 되는 것이다. 사실, 인간은 깊은 사랑을 받을 때 자신의 이야기를 가장 솔직하고 편안하게 털어놓을 수 있지 않던가. 분명한 것은 나에게 집중되는 관심과 사랑이 나를 찾아 떠나는 글쓰기 여행에서 목표하는 어떠한 치유도 성공으로 이끈다는 점이다.

자, 이제 여행을 떠나자. 이제껏 열어보지 못했던 비밀의 문을 열고, 나라는 사람의 세계로 뚜벅뚜벅 걸어 들어가보자. 뭔가 있을 듯한 나라는 사람의 세계로 깊이 더 깊이 들어가보자.

'나란 사람'의 과거는 어떠했는지, 얼마나 열심히 살았는지, 어떠한 가치를 지닌 사람인지, 나에게 실패는 어떤 의미였는지, 성공은 어떤 의미였는지, 왜 그토록 아팠는지. 왜 그것이 그토록 절망스러웠는지, 인생을 바라보는 시선은 어떠한지, 앞으로 어떤 삶을 살고 싶은지. 그 어느 것이라도 괜찮다. 그 어느 것에도 내가 있기 때문이다.

이 여행의 특별함은 마지막 주간의 프로그램 중 직접 쓴 글을 읽어봄으로써 나 자신을 발견하는 것에도 있다. 내 안에 무엇이 있는지를 살펴보며 나 자신의 가치, 정체성, 본질 등을 발견하는 것이다. 가치관, 기질, 장점, 단점 등을 살펴보는 것이다. 글이 가지고 있는 독특하면서도 매력넘치는 특별한 힘을 믿어보자. 분석적, 논리적 힘과 치밀함이 진짜 나라는 사람의 발견을 도울 것이다.

이 시대는 치유가 필요하다. 지금 우리의 시간은 필요 이상으로 빠르고 우리의 삶은 필요 이상으로 바쁘다. 그 어떤 것도 경쟁이 아닌 것이 없는 치열한 세상을 살고 있다. 힘든 싸움을 하며 오늘을 사는 우리 모두에게 나를 찾는 글쓰기 여행이 어떤 식으로라도 도움이 되기를 바란다.

1주차 : 글쓰기 동력을 키우기 위한 여행

지금부터 제시하는 '나를 찾아 떠나는 글쓰기 여행'은 5주간의 프로그램이다. 물론, 필요에 따라 시간을 늘릴 수도 있으나 여행의 순서만큼은 지켜주길 바란다. 그래야 건강한 면역 체계를 지니고 아픔으로의 여행을 떠날 수 있기 때문이다.

우선, 이때만큼은 자발적 아웃사이더가 되어보면 어떨까. 나에게 집중하며 깊이, 더 깊이 들어가보자.

아래에 제시한 한 주간의 글쓰기 목록 가운데 쓰고 싶은 이야기를 찾아 써보자. 저자가 제시한 글쓰기 주제 목록에 너무 구속되지 않아도 좋다. 단순하게 훑어만 보아도 괜찮다. 당신 자신과 당신의 주변에는 분명 더 새롭고 많은 이야기들이 있을 것이다. 그것들을 향해서 당신만의 글쓰기를 시작하자.

떠오르는 생각은 놓치지 말자. 짧은 메모 형태라도 괜찮다. 짧은 메모는 분명 쓰고자 하는 이야기의 한 조각이 될 것이다. 공통분모끼리 모으면 진심을 담은 한 편의 글이 완성된다.

자, 그럼 나를 찾아 떠나는 여행을 시작해볼까!

글쓰기의 동력을 키우는 중요한 첫 주간이 될 것이다. 치유를 위한 글쓰기가 되었든, 일반적인 글쓰기가 되었든, 글쓰기는 시작과 동시에 자가 동력을 일으키는 것이 무엇보다 중요하다.

이 책의 4장에서 글쓰기 꼬임에 빠지라는 것을 제일 처음에 둔 것도 그 뜻이다. 글쓰기는 주변에 그 어떤 소재라도 찾아가서 글을 쓰는 것부터 시작된다. 내 경우, 글쓰기의 여행은 가장 좋아하는 무엇, 즉 쉽고 편하고 재미나게 쓸 수 있는 이야기들을 소재 삼아 쓰는 것부터 시작되었는데 바로 그것이 동력을 일으키는 시동이 되었다.

첫 주! 내 마음이 가장 편안하고 생각만으로도 즐거운 곳으로 여행을 떠나자.

사랑하는 가족, 친구, 즐겨 찾던 산책길, 좋아하는 커피, 음악, 책 등. 그 어느것이라도 괜찮다. 일상의 여러 가지 이야기를 찾아 글을 쓰자. 분명 동력이 될 것이다. 일단 시작하는 것이 중요하고 그 시작은 동력을 일으킬 것이다. 앞으로의 글쓰기 여행을 위해서는 무조건 힘이 필요하다는 뜻이다.

그저 부담 없이 가볍게 입꼬리를 올리며 쓸 수 있는 것이라면 무어라도 좋다. 사랑하는 마음으로 즐거이 재미나게 쓸 수 있는 것들을 찾아 글을 쓰자. 왜? 뭐가 그리 좋은지 찬찬히 살펴보며 글을 쓰자. 마음껏 거침없이 쓰는 것이 중요하다.

좋아하는 책도 읽어보자. 감사 일기는(5가지) 짧게라도 꼭! 써야 한다.

1주차 목록

· 가장 좋아하는 사람이 있니? 사랑의 연서를 써볼까?

· 자주 즐거이 찾는 곳은 어디니?

· 내가 좋아하는 음악은 무엇이지?

· 여행하고 싶은 곳이 있다면, 어디? 왜 가고 싶은 건데?

· 내가 좋아하는 음식은 뭐지? 왜 그게 좋아?

· 지금의 나를 객관적으로 묘사해볼까?

· 내게 있는 장점, 단점은 무얼까?

· 나만의 독특함, 특별함은 뭘까? 맘에는 들고?

· 요즈음 나를 가장 기쁘게 하는 건 뭐지?

· 지금 가장 하고 싶은 건 뭐니?

· 생각만 해도 좋은 사람이 있다면 누구니?

· 다시 태어날 수만 있다면 어느 시절로 가고 싶니? 왜 그런 생각을 하는
  데?

· 존경하는 인물이 있다면? 이유는?

· 최근에 읽었던 책 중에 마음에 남는 구절이 있었다면 짧게라도 적어보자.
  10문장 정도?

· 기도문을 쓰자. 이 시간 가장 원하는 게 있다면?

· 최근 재미있고 유익하게 시청한 프로그램이 있었니?

· 내 맘속에 남겨진 무언가가 있었다면 꺼내어볼까?
  (드라마 대사가 될 수도 있고 어느 연예인이 풀어놓은 삶의 이야기도 될
  수 있겠다.)

2주차 : 삶의 흔적을 찾아서 떠나는 여행

글쓰기가 나의 이야기를 찾아 여행을 시작하려는 순간이다. 마음의 빗장을 열고 과거로부터의 여행을 시작하자. 어린 시절의 나를 찾아 여행을 시작하자.

먼저, 내게 있었던 아주 특별한 경험을 소개하겠다.

엄혹한 시간, 나를 찾아 떠나는 글쓰기 여행에서 가장 먼저 도착한 곳은 나라는 사람의 과거였다. 소스라치게 놀랐지만 나는 이것이야말로 내면의 나를 만나는 치유의 시간임을 알았다. 나는 글을 쓰면서, 심리학에서 말하는 '내면 아이 어루만지기' 기법을 하고 있었다.

다음은 그때 쓴 글이다.

저쪽 구석 한편에 어린 여자 아이가 울고 있었다. 천천히 다가가 아이의 어깨에 손을 올리고는 쓸어주며 토닥토닥하였다.

"울지마. 여기서 왜 이러고 있는 거니?"

나는 그 아이의 어깨를 감싸 안으며 아이의 얼굴을 내 쪽으로 돌려보았다. 순간 깜짝 놀랐다.

어릴 적의 내! 내가 아닌가. 나는 깜짝 놀라 아이의 얼굴을 끌어당겨 안았다.

"미안해. 정말 미안해. 내가 잘못했어."

나는 왠지 모를 미안함에 어디서부터 시작되었는지 모를 눈물을 흘렸다.

고개를 돌려보니 웅크리고 있는 여자아이가 있다. 옆 책상에는 엎드려 울고 있는 아이가 있다. 모두 과거의 내! 놀랍게도 어릴 적의 내가 아닌가.

"미안해. 사과할게. 내가 잘못했어."

울고 있는 어린 나에게 손을 내밀고 진심으로 사과하였다.

"네 마음을 너무 몰라주었구나. 내가 그러는 게 아니었어. 너무 외로웠겠다. 미안해. 내가 잘못했어."

울고 있는 어린 시절의 나에게 말을 걸고 사과하며 꼭 껴안아주는 이런 시간은 결코 의도하거나 계획한 것은 아니었지만 나에게 무슨 특별한 일이 벌어지고 있음을 직감할 수 있었다. 이것은 살면서 한 번도 느껴보지 못한 새롭고 신선하고 신비롭기까지 한 일이었다. 분명 무언가를 시작해야 하는 시점이라는 것 또한 알 수 있었다.

어린 나와의 만남이라니! 나란 사람이 비로소 천천히 이해가 되기 시작했다.

며칠 전 아침 방송에 나온 심리학자는 이런 이야기를 했다. 가장 사랑하는 사람이 가장 큰 고통을 제공한다!

이제, 마음의 문을 열고 어릴 적 우리 집, 부모님, 형제, 자매 이야기를 시작해보자. 어쩌면 그곳에 나에 대한 정답, 힌트들이 있을 것이다. 충분히 그렇다. 심리학, 가족학 등에서는 인간의 심리적인 문제의 대부분은 가족관계에서 비롯된다고 하였다. 가정은 가장 깊은 사랑을 제공하는 곳이면서 가장 치명적인 상처를 주는 곳이기도 하기 때문이다.

부모님 이야기를 쓴 적이 있다. 여기 엄마에게 쓴 편지글이 있어 소개하겠다.

어여쁘신 엄마에게.
나도 엄마를 이해하고 받아들이기가 참으로 힘들고 어려웠다는 거 알아주세요.
하지만 엄마를 사랑해요. 엄마의 과거부터 지금까지 모습을 추억하다 '엄마도 참 기댈 곳이 없었겠구나.' 생각하니 그 마음이 얼마나 헛헛했을까, 제 마음에 눈물이 고입니다.

홀로 맞이하신 갱년기는 어떠셨어요?
결핍과 비교만을 보고 자란 엄마에게 보통의 무언가를 바란다는 것은 무리였다는 것을 최근에야 알았어요.
엄마를 사랑합니다. 지극히 엄마를 사랑합니다.

자, 지금부터 지나온 삶의 흔적들을 찾아 여행을 떠나자.

어린 시절의 나부터 현재의 직장 생활, 가정 생활 등. 지금까지 나와 함께 했던 모든 시간들을 향해서 여행을 떠나보자. 뼛속까지 내려가서 나의 이야기를 써보자. 학창 시절 이야기, 선생님, 친했던 친구, 아쉬웠던 순간이라든가, 감명 깊게 읽었던 책이라든가 그 어떤 이야기라도 괜찮다. 특별하게 떠오르는 어떤 생각이 있을 것이다. 그 이야기들을 쓰자.

나에게 이렇게 묻자.

"나는 어떤 아이였니?"
"나는 어떤 딸이었니?"
"지금 나는 어떤 남편(아내)일까?"

당신은 모든 이야기 속에서 당신을 만날 것이다. 서서히 당신이라는 사람이 이해가 될 것이다.

나를 찾아 떠나는 글쓰기 여행의 엔진 오일은 감사 일기다. 감사 일기는 놓치지 말아야 한다.
그 강력한 힘은 이 여행을 성공적으로 도울 것이다.

2주차 목록

- 어릴 적 이야기를 꺼내볼까? 특별하게 떠오르는 기억이 있니?

- 내게 가족은 어떤 존재인가? 가족들의 이야기를 써볼까?

- 나는 어떤 아이였니? 떠오르는 모습이 있다면 그 이야기를 써볼까?

- 어릴 적 꿈은 뭐였니?

- 어릴 적 우리 집 분위기는 어땠니?

- 부모님은 어떤 분이셨니?

- 부모님께 편지를 쓸까?

- 내게 언니, 오빠는 어떤 존재였을까?

- 중, 고등학교 때 나는 어떤 아이였니?

- 청소년 시절 특별히 기억에 남는 장소가 있니?

- 제일 재밌던 일, 슬펐던 일 뭐라도 괜찮아. 모두 꺼낼까?

- 대학교 때 말이야, 즐겨 찾았던 장소는 어디야?

- 대학 시절을 생각하면 뭐가 제일 기억나?

- 대학 시절, 아쉬웠던 점은 뭐니?

- 취업하면서 가장 힘들었던 건 뭐였니?

- 직장 생활, 사회생활은 어때? 힘들지 않아? 재밌니?

- 친해지고 싶은 직장 동료가 있니? 왜 친해지고 싶은데?

- 힘들게 하는 직장 상사, 동료가 있니? 왜?

- 직장 동료들은 나를 어떻게 생각할까?

- 첫사랑은 어땠니?

- 나는 어떤 남편(아내)일까? 나는 어떤 딸(아들)일까?

3주차 : 내 마음에 귀 기울이는 여행

3주! 자, 오늘부터는 나라는 사람의 마음을 향해 여행을 떠나자. 내가 알지 못했던 내 마음은 없었는지, 눈치 채지 못했던 내 마음은 없었는지, '바쁘니까 넌 나중에.'라고 밀쳐놓은 마음은 없었는지, 이런저런 이유를 대며 내몰았던 내 마음은 없었는지, 상처받은 대로 꼬깃꼬깃 아무렇게나 꾸겨넣어둔 내 마음은 없었는지, 아직도 주눅 들고 눈치 보느라 자기 존재를 내세우지 못하고 있는 내 마음은 없는지 잘 살펴보자.

사실, 나를 쓴다는 것은 생각보다 그리 거창하거나 대단히 어려운 것은 아니다. 계속해서 나란 사람의 마음의 빗장을 열어젖히며 깊이 더 깊이 집중하며 걸어 들어가는 것이다. 앞에 놓인 불필요한 것들을 걷어내고 또 걷어내며 내가 사랑하는 것들, 내가 좋아하는 것들, 내가 원하는 것들, 내가 소망하는 것들, 내가 잘했다고 생각하는 것들, 내가 실수했다고 생각하는 것들, 내가 상처받은 것들, 내가 실패했던 것들, 내가 마음 아파했던 것들, 내게 있는 아쉬움, 내게 있는 좌절감, 내게 있는 어딘가에서 헤매고 있는 자존감, 떠돌고 있는 꿈까지라도 그저 솔직하게 쓰는 것이다.

　오롯이 내 안의 이야기에 집중하며 나를 쓰는 시간.
　오랫동안 나를 들여다볼 마음의 여유가 왜 이리 없었을까. 그냥 넌 나중으로.
　눈앞에 보이거나 닥쳐진 일들에
　손이 먼저 가느라
　그냥 '나중'이었던 것이다.

　하고 싶은 말이 많았으리라.
　'나 좀 봐주지. 바쁘면 바쁘다고, 아프면 아프다고, 상처 받았으면 상처 받았다고 하고는….
　나도 웅크리고 있느라고 골병이 들었다고.'
　마음이 분명하고 깊은 소리로 이야기를 꺼낸다.

　'근데 늦었지만 진심으로 원하는 게 생긴 것 같아.'
　나는 이 뜻밖의 고백을 이미 알고 있었다는 듯
　놀라지도 어색하지도 않았다.
　좋았으니까. 참 좋았으니까.

　글을 쓰면서

비로소 원하는 것을 향해 살랑살랑 걸어가는
그녀의 뒷모습이 눈에 선하다.

이렇게 나를 쓰는 글쓰기는 내 마음의 소리를 열심히 들으며 나와 나의 역사와 함께 움직이고 있는 것들, 내 주변의 것들을 사유하며 글을 쓰는 것이다. 나의 모든 시간과 함께 했던 그 무엇. 사람, 사건……. 이렇게 나의 이야기를 쓰는 것이다. 그저 나와 내 언저리의 것들을 사유하며 편안하고 솔직하게 쓰는 것이다.

마음은 무척이나 이 시간을 기다렸을 것이다. 무언가 꺼내고 싶은 이야기가 있기 때문이다.
마음의 소리에 집중하며 마음에게 묻고 마음이 대답할 때까지 기다리자.

"친구가 그 소리를 했을 때 마음이 어땠니? 그때 왜 그토록 울었니? 부모님이 다투실 때 마음이 어땠니?"

자, 이제 마음에게 묻고 마음의 소리를 들어보자. 마음은 자신에게로 쏟아지는 관심과 사랑에 편하게 자신의 이야기를 꺼낼 것이다.
마음으로의 여행은 이렇게 집중하며 내 마음의 소리, 마음속 울림을 쓰는 것이다. 마음이 풀어놓는 이야기를 놓치지 말고 쓰는 것이다.

요즘 고민하고 있는 거, 뭐야? 지금 하고 있는 일은 괜찮아? 내게 있는 특별한 건 뭐지? 그 어떤 것도 괜찮으니 마음에게 물어보자.

혹시 아픔이 이야기를 꺼내려고 할 수도 있다. 고통도, 절망도 무언가를 이야기를 꺼내려 할 수도 있다. 단단한 마음 근육이 필요한 이야기라면 "지금은 아니야."라며 잠시 기다리게 하자. 아픔으로의 여행에는 무엇보다 마음 근육, 즉 강력한 새로운 면역 체계가 필요하기 때문이다. 나자신을 제대로 아는 것이 중요하기 때문이다.

어떠한 경우에도, 감사 일기는 놓치지 말아야 한다.

3주차 목록

· 어떤 삶을 살고 싶니? 왜 그렇게 생각하는데?

· 혹시, 두고두고 후회되는 게 있니?

· 내게 있는 모든 걸 걸고 하고 싶은 게 있니?

· 나는 자존감이 높은 사람이지?

· 내가 느끼는 열등감은? 왜 그런 생각을 하는데?

· 나는 열정적인 삶을 사는 사람인가?

· 요즈음 치열하게 고민하는 것은 무어지?

· 주변 사람들은 나를 어떻게 생각할까?

· 내가 제일 자신 있는 게 뭐지?

· 지금 하고 있는 일은, 어때 재밌어? 마음에 들어? 계속하고 싶어?

· 왜 그때 그토록 기뻤니?

· 왜 그때 그토록 슬펐지?

· 그때 왜 그렇게 울었니?

· 그때 다투었잖아. 왜? 그때 내가 무슨 말을 했더라?

· 그때 칭찬받았잖아, 기분이 어땠어?

· 가장 좋아하는 물건에게 시 쓰기

· 가장 불편한 물건에게 용서와 화해의 글을 쓰겠어(ex. 약아, 고마워)

· 좌우명 같은 게 있다면?

4-5주차 : 아픔을 돌이켜 보는 여행

4주차
· · · · · ·

이번 한 주는 나의 아픔을 찾아서 떠나는 치유의 글쓰기 여행이 될 것이다.

마음으로의 여행을 통해 심연에 잠잠히 묻어두었던 이야기들이 슬슬 고개를 들 것이다. 목젖을 치고 올라오려는 이야기, 살려달라며 아우성 치는 이야기도 있을 것이다. 가까이 가보자. 아픔, 상처, 절망감이다.

분명, 몇 주간의 나를 찾아 떠나는 글쓰기 여행으로 나에 대한 가치, 이해는 이미 시작되었을 것이다. 무엇보다 당신은 이전과는 전혀 다른 건강한 면역 체계를 갖추게 되었으며 마음 근육은 더욱 단단해졌을 것이다.

자, 이제 어떠한 두려움도 없이 당당히 아픔으로의 여행을 떠나자. 내 의식 저 밑바닥 지하실 잡동사니 창고에 쌓아둔 트라우마, 상처, 아픔,

고통, 상실감, 절망감들을 종이 위에 좌악 쏟아 부어보자.

많은 글쓰기 책에는 자신의 아픔이나 상처, 고통에 대하여 외과적인 수술을 해야 한다고 하였다. 그러나 나는 상당 부분 생각이 다르다. 굳이 피를 철철 흘리면서까지 외과적인 수술을 해야 할까? 책에 나와 있는 대로라면 자신의 아픔에 대고 피를 철철 흘리면서라도, 그 사실을 쓰고 도려내야 한다는 것이다. 즉, 아픔이나 상처, 고통이나 절망감에 직면하여 외과적인 수술을 하라는 것이다. 그러나 나는 그렇게 생각하지 않는다. 내가 경험한 글쓰기는 이것과는 전혀 달랐기 때문이다.

앞에서도 이야기하였지만, 글쓰기는 상처에 메스를 들이대며 아픔을 도려내기 위한 외과적 수술이 아닌 전혀 생각지 못했던 특별한 여행을 시켰다. 지금 우리가 시작하려는 나를 찾아 떠나는, 치유를 위한 글쓰기 여행이 바로 그것이다.

나를 찾아 떠나는 글쓰기 여행 프로그램 중, 아픔과 상처에 직면하는 글쓰기는 나를 발견하고 새로운 면역 체계가 생기면서 시작된다.

이때쯤이었다. 나는 내 안에 있는 웅크리고 있는 모든 것들을 끄집어 내어 쓰기 시작했다. 시도 때도 없이 나를 흔들어 대는 내 안의 핵폭탄 통증. 그리고 꼭 한 번은 따져야겠는 사랑하는 일을 그만둘 때의 일. 수치심과 모멸감, 열등감과 절망감, 그리고 무너진 자존감.

글쓰기는 나를 빤히 들여다보며 말을 걸었다. "어쩔 꺼야, 필요해? 뭐

하러 이런 걸. 걷어내는 게 어때?" 정말 그랬다. 내게 이런 것이 있을 이유가 없었다. 걷어내기로. 하나씩 하나씩 걷어내고 또 걷어내었다.

어떤 상처의 경우, 너무도 잔인하거나 수치심으로 꺼내기가 쉽지 않을 수 있다. 글쓰기가 상처 앞에서 머뭇거리면 그냥 지나치자. 일단 그래야 한다. 건강한 치유가 되도록 기다려주어야 한다.

꼭 하고 싶은 이야기가 있다. 사람들은 "손뼉도 마주쳐야 소리가 나지. 네가 그랬으니까 그 사람이 그랬겠지."라는 말로 다툼의 끝을 정리하려 든다. 나는 나에게 일어난 아픔의 경험으로 '이 이야기는 틀렸어! 그리고 그 누구도 이런 말로 섣부르게 상황을 정리하려 들지 말아야 해!'라고 말하겠다.

상처는 사람들이 있는 곳에서 느닷없이 따귀를 맞는 것과 같다. 따귀를 맞는 것도 아픈데, 더 어렵고 견디기 어려운 것은 왜 맞았는가에 대한 의문이다. 이 경우 본인의 잘못이 있다면 차라리 다행이다. 하지만 따귀를 때린 자의 잔인한 성격이 문제였다면 큰일이다. 내 경우가 그렇다.
근처에도 가지 못하고 서성거리고만 있었던 그 상처는 결국, 나라는 사람의 가치를 발견하며 더 큰 사람이 되어서야 찾아갈 수 있었다. 거인이 된 나에게는 어떤 상처도 쓸어버리는 에너지가 있었기 때문이다.
아픔을 찾아 떠나는 여행은 '꼭 한 번 따지고 싶은 이야기'라는 글을 쓰며 마무리하였다.

이런 잔인한 경험을 상담자에게 말한다고 될까? 목사님에게 말한다고? 친한 친구에게 말한다고? 아니다. 결국, 나 스스로가 일어나야 하는 것이다. 어떠한 경우도 그렇다.

나를 찾아 떠나는 글쓰기 여행은 강력한 원심력의 힘이 깊고도 넓게 나라는 사람을 찾아낸다. 이렇게 찾아진 나는 이전보다 더 큰 거인이 되어 아닌 것들, 온갖 악취를 뿜어내며 염증을 일으키는 것들을 밀어내며 스스로 우뚝! 일어선다.

그렇다. 이 여행의 클라이맥스는 거인이 된 내가 건강한 면역 체계와 함께 아픔으로의 여행을 떠나는 것에 있다. 나를 제대로 아는 힘과 그곳에서 생성된 단단하고 건강한 면역 체계는 그 어떠한 아픔과 상처와 고통이라도 쓸어버리기 때문이다.

자, 이제 아픔으로의 여행을 떠나자. 내 안에 있던 모멸감, 절망감, 수치심을 찾아서 여행을 떠나자. 나를 어지럽히며 못살게 굴었던 못난 것들을 향해 달려가 글을 쓰자.

당신은 아마도 깜짝 놀랄 것이다. 그렇게 못살게 굴었던 아픔과 고통과 상처는 소멸이 되어 어디론가 사라져 흔적조차 없을 것이다. 너무 놀라지 마라. 이것이 바로 나를 찾아 떠나는 글쓰기 여행이 그 어떠한 잔인한 기억도 아픔도 슬픔도 쓸어버리는 놀라운 힘이다.

4주차 목록

· 괴롭히는 생각이 있으면 꺼내 볼까?

· 요즘 뭐가 힘드니? 사람 관계, 건강, 경제적인 것 등

· 내게 상처 준 사람, 용서가 안 되는 사람에 대해 용기를 내어 쓸까? (힘들면 다음에 해도 돼)

· 가장 마음 아픈 그 일에 대해 써볼까? (힘들면 다음에 해도 돼)

· 내게 무례하게 굴었던 그 사람에 대해 쓰는 건 어때? (욕 좀 해도 괜찮아, 힘들면 안 해도 돼)

· 마음에 찌꺼기가 남아 염증을 일으키고 있는 일이 있다면?

· 살면서 실수한 마음, 미안한 마음은 무어니?

· 혹시 상대하기가 껄끄러운 대상이 있니?

· 꼭 한 번 따지고 싶은 일이 있잖아, 써볼까?

· 마음의 산사태가 있었잖아, 이젠 써볼까?

· 학교나 직장에서 따돌림을 당했을 때가 있었지?

· 아픈 몸에게 편지 쓰기

· 아픈 상처에게 편지 쓰기

· 아픈 마음에게 편지 쓰기

· 좌절감에게 편지 쓰기

· 트라우마에게 이런 말을 해주고 싶다

· 미리 쓰는 유언 편지

· 혹시, 욕하고 싶은 사람이 있다면?

욕 좀 해도 괜찮다. 욕 좀 하면 어떤가. 내 경우 독한 상처를 준 사람을 향해 리얼한 욕을 글로써 시작한 적이 있었는데, 잠시 후 건강한 면역 체계는 이런 마음의 소리를 들려주었다. '내 영혼이 아깝고 시간이 아깝네! 내가 아깝다.' 가장 빠른 시간 안에 멈출 것이다.

5주차

나를 찾아 떠나는 글쓰기 여행의 목적은 나를 이해하고 배우는 것에 있다. 내가 쓴 글을 통해 나를 살피며 알아가는 것이다. 내가 누구인지를 배우는 것이다.

그러니 마지막 한 주는 이렇게 해보자.

우선, 이때까지 쓴 글들을 프린터로 출력하자. 출력된 글들을 거실에 쫙 펼쳐놓고 한 글자 한 글자 읽어보자. 분명, 당신이란 사람이 새롭게 느껴질 것이다. "내가 이런 사람이었어? 내가? 아, 맞아! 나는 이런 사람이었어!"

당신은 당신이라는 사람을 똑똑히 보게 될 것이다. 그리고 이전에 느끼지 못했던 힘과 무언가 단단해진 마음 근육을 느끼게 될 것이다.

이것이 나를 찾아 떠나는 글쓰기 여행의 힘이다.

내가 쓴 글에 마음껏 댓글을 달아보자. 마음이 새로울 것이다. 당신은

'울컥'할지도 모른다.

내가 쓴 글을 읽으며 나란 사람에 대해서 정리하며 글을 쓰자.

나에게 보내는 편지, 칭찬과 감사의 메시지를 남겨보자.

마지막 주에는 감사 일기와 함께 미래 일기를 쓰자.

여행지에서의 '나를 찾아 떠나는 글쓰기'

내가 꼭 권하고 싶은 게 있다. 어느 정도 기간을 정하여 (3박 4일이든, 일주일이든, 한 달이든) 여행 가듯 나 자신에게 집중하는 시간을 가지라는 것이다. 실제로 여행을 가서 호텔 방에 처박혀 단, 며칠이라도 나 자신과 진실하게 만나는 것도 좋으니 어느 정도 기간을 정하여 나 자신과의 특별한 만남을 가져보라는 것이다.

혼자만의 특별한 시간을 준비하여 집에서든 분위기를 바꾼 한적한 여행지에서든 나를 쓰는 글쓰기 여행을 꼭 하라는 것이다. 자발적 아웃사이더가 되어 나 자신에 집중하며 깊이, 더 깊이 들어가보라는 것이다. 오롯이 나 자신과 대면하여 나의 이야기를 시작해보라는 것이다. 나 자신에게 묻고 답하는 시간을 가져보라는 것이다.

해보면 안다. 내 인생에서, 나를 '쓰는' 이 시간이 얼마나 귀하고 값진 것인지를. 당신은 아마도 깜짝 놀랄 것이다.

『혼자 있는 시간의 힘』의 저자 사이토 다카시는 '혼자 있는 시간에 집중할 수 있는 힘'은 앞으로 나아갈 수 있는 힘을 기르는 것이라고 하였다. 그렇다. 온 마음을 집중하여 나라는 사람을 만나기 위해 글쓰기 여행 계획을 세우고 용기를 내어보자.

제주도에 간 적이 있다. 사정상 혼자 가지 못하고 가족과 함께였지만 최대한 혼자 있는 시간을 가지려고 하였다. 몇 가지 상황을 체크하고 실행에 옮겼다. 승무원에게 사정을 이야기하고 비행기 이륙과 착륙 때에만 자리에 앉을 것, 4인 가족이지만 승합차로 렌트할 것, 숙소는 바닷가 근처로 할 것 등.

비행기를 타고 여행을 한다? 전혀 불가능한 상황이었다. 그러나 파킨슨 병을 앓으신 아버지의 죽음은 충격 그 자체였다. 같은 통증 환자였고, 죽음을 생각하고 있었고, 아버지께 잘해드리지 못한 마음의 죄책감이 커서였을까? 나는 그 어느 것도 떨쳐내지 못하고 흡수된 모든 충격을 고스란히 껴안고 있을 때였다.

이 충격은 어느 정도 시간이 흐르면서 서서히 씻겨나갔지만 많은 생각들을 정리하게 되었고 서서히 바뀌어가고 있었다. 오랫동안 나를 주장하며 믿고 따랐던 가치관, 생활 방식들이 서서히 방향을 틀고 있었던 것이다. 이 변화를 느낄 수 있을 정도였다.

아무것도 할 수 없는 손발이 묶인 상황, 하루 세 끼 밥을 서서 먹어야 하는 이 어처구니없는 현실 속에서 통증약에 취해 비틀거리면서도 나는 웬일인지 탈옥을 결심한 죄수처럼 호시탐탐 교도소의 담을 넘을 계획을 세운 것이다. 어떻게 하면 이 상황을 뛰어넘을 수 있을까? 무언가를 안 하면 안 될 것 같은 상황에서 나는 기어이 글쓰기 여행을 떠났다.

나는 이번 여행에서

이른 아침

홀로 맞닥뜨린

애월의 해안 산책로에서

있었던 일을

말하지 않을 수 없다.

살면서 한 번쯤은 생각했었다.

분명 어딘가엔

내 젊은 날의 감성과 열정들이

살아 있을 거라고.

그런데,

그날 아침 애월 앞 바다에서

희미한 가운데

반짝이며 툭 터치하는

내 젊은 날의

그것들과 만나게 되었으니.

갑작스러운 만남에

깜짝 놀라 어쩔 줄 모르고,

그들은 기다렸다는 듯

꼬~옥 나를 껴안는다.

'나 아직 죽지 않았어.'

'내가 그런 아이였었지, 그랬었지.'

애월 앞바다에서

뜻하지 않게

마주한 것은,

불과 몇 해 전까지만 해도

감성과 열정, 에너지로 분주했던

푸릇푸릇했던

지난 날의 나였던 것이다.

분명 애월 앞바다에서 만난 푸릇푸릇했던 지난날의 나와의 만남이 지
금의 나를 변하게 하는 작은 겨자씨가 되었을 것이다.

위에 소개한 것처럼 실제로 원하는 여행지에서 '나를 찾아 떠나는 글쓰기 여행'을 시작하는 것도 좋다. 1박 2일이든, 2박 3일이든, 산이든, 바다든, 호텔 방이든, 새로운 환경, 여행지에서 나를 찾아 떠나는 글쓰기 여행을 시도하기를 바란다. 분명, 이 여행에서 특별한 당신을 만날 것이다. 어떤 만남이 당신을 기다리고 있을지 기대를 품고 글쓰기 여행을 떠나보자.

호텔 방이든, 한적한 바다든, 산 모퉁이 수풀 우거진 언덕이든 나에게 집중하며 진짜 나를 만나기 위해 글을 쓰자.

여행을 마치고 돌아올 때에는 비행기 안이든, 기차 안이든, 한적한 휴게소에서든 쓴 글들을 읽고 댓글을 달거나 답장을 쓰는 시간을 꼭 갖기를 바란다. 마음이 벅찰 것이다. 새로울 것이다.

여행지(산, 바다, 호텔방)에 말 걸기
생각만 해도 기분 좋은 사람은 누구인지
어릴 적 꿈은 무엇이었는지
다시 태어날 수만 있다면 어떤 삶을 살고 싶은지
지금이라도 이루고 싶은 꿈이 있다면
1년 후의 나의 모습은 어떨까?
3년 후엔 나는 어디서 어떤 일을 하고 있을까?

10년 후의 나의 모습은 어떨까?

어릴 적 나에게 편지 쓰기

지금의 나에게 편지 쓰기

1년 뒤 나에게 편지 쓰기

10년 뒤 나에게 편지 쓰기

20대의 나에게 편지 쓰기

어릴 적 꿈에게 편지 쓰기

지금 꾸고 있는 꿈에게 편지 쓰기

미래의 꿈에게 편지 쓰기

아픈 몸에게 편지 쓰기

아픈 상처에게 편지 쓰기

아픈 마음에게 편지 쓰기

좌절감에게 편지 쓰기

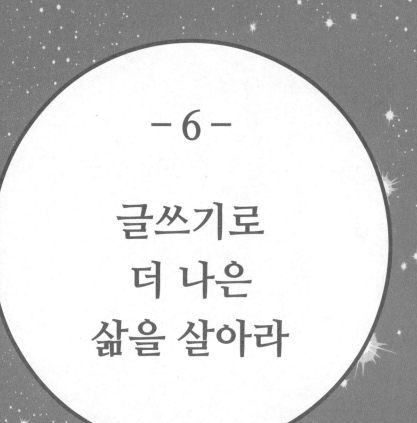

- 6 -

글쓰기로
더 나은
삶을 살아라

글쓰기라는 상담 선생님을 만나라

나 자신에 대해 묻자

우리는 나 스스로에게 무언가를 물어본 적이 없다. 어떠한 문제에 대해서, 설사 그것이 괴롭고 힘든 일이어도 마찬가지였다. 직면하기보다는 피하려는 마음, 숨으려는 마음이 앞서지 않았던가.

"이제 괜찮니?"
"좀 편안해졌니?"

물었어야 했다.

대학 시절 상담학 시간에 교수님은 물으셨다.

"상담을 뭐라고 생각하세요?"

"십자가를 함께 들어주는 것 아닐까요?"

어린 마음에 무거운 짐을 들어준다는 것, 함께 마주 앉아 그저 답답한 상대방의 이야기를 들어주는 그것만으로도 무거운 마음의 짐이 가벼워질 것이라고 생각했다. 그러나 그저 답답한 내 이야기를 풀어놓거나 하소연을 늘어놓는, 그래서 속이 시원한 듯한 잠깐의 감정은 근본적인 해결책이 아니다.

나는 살면서 성향이 다르거나 전혀 다른 환경과 경험을 가지고 있는 상대방에게 마음속 이야기를 한다는 것이 얼마나 어렵고 심지어 위험한 것인지를 몇 번의 경험을 통해서 깨달았다. 다시 말해 공통분모가 없는 불안한 요소는 자칫하면 더 큰 마음의 상처라는 위험한 결과를 낳을 수도 있는 것이다. 타인에게 나의 고민을 이야기한다는 것, 상담을 요청한다는 것은 결코 쉬운 일이 아니다.

책을 가까이하게 된 건 이런 이유에서였을지도 모른다. 책은 불안한 요소로부터 피할 수 있게 해주며, 여러 사람들의 이야기를 통해 균형감 있는 결론을 도출할 수 있기 때문이다. 더욱 감사한 것은 책은 내게 아무것도 묻지 않으며 준비 안 된 섣부른 답변은 하지 않는다는 것이다. 섣부른 답변은 언제나 마음에 파문을 일으켰다. '당신이 나에 대해 뭘 안다고!'

책 속에는 다양한 사람들의 이야기가 있었다. 그 속에는 저마다의 삶 속에서 어떤 이유로 아파하고 버티면서 어느 모양으로든 최선을 다해 살아가고 있는 모습들을 볼 수 있었다. 이런 이야기들을 보는 것이 문제를 속 시원히 해결하거나 나의 고통스러운 현실을 낫게 하는 건 아니었지만 분명 도움이 되었다.

그러나 이것 또한 현실적이며 근본적인 해결책은 아니다. 나는 이보다 더 확실하며 근본적인 방법을 알고 있다.

그것은 글을 쓰는 것이다. 나는 글을 쓰면서 모든 문제의 해결은 나로부터 시작해야 한다는 크고도 넓고도 깊은 정의를 내렸다. 다시 말해, 모든 문제의 해결은 문제의 주체인 나 자신이 적극적, 구체적으로 움직여야 한다는 것이다. 그리고 그 적극적이며 구체적인 최고의 방법은 글을 쓰는 것이며 글 속에 살고 있는 상담 선생님을 만나는 것이다.

글쓰기를 통해 적극적으로 나를 이해하고 안다는 것. 그렇다. 글쓰기의 가장 큰 능력인 나를 아는 힘은 어떠한 문제에도 당당히 맞서며 스스로 해결할 수 있는 능력을 갖추고 있다는 사실에 주목하길 바란다.

지난 몇 년간 내게 닥친 현실은 숨 막히게 끔찍했다. 믿었던 책마저도 보따리를 싸고 도망을 갈 정도였으니 나는 어디서도 도움 받을 곳이 없었다.

다시 시작된 글쓰기와의 만남. 나는 아픔을 따돌리기 위해 치열하게 글을 썼다. 그리고 그 속에 살고 있는 상담 선생님을 만난 것이다.

"이게 바로 너야. 잘 봐. 보이지?"
"어쩔 거야. 네게 이런 게 필요해? 버리는 게 어때?"
"너 그만 하면 성격 괜찮아. 기죽을 필요 없어."

복잡하게 뒤엉킨 실타래를 차분히 풀어내는 기분이었다. 곧이어 걷어 낼 것이 보였다. 어떠한 감정의 소용돌이 속에서 허물어져 내리는 나를 일으켜 세우며 다독여야 할 사람은 나 자신이었다. 고통의 핵심은 언제나 내 안에 있으며 문제 해결의 키 또한 내게 있었다. 철저하게 나 자신에게로 돌아갈 방법, 그것은 글을 쓰는 것이며 글 속에 사는 상담 선생님을 만나는 것이었다.

2천 원짜리 상담 선생님, 글쓰기

이것이 전문 상담자의 도움 없이도 모든 사람이 자기 스스로의 상담자가 되는 셀프 카운슬링이다. 앞에서도 얘기했지만, 대화 형태의 일반적인 상담은 상담자의 역량, 상담자와 내담자의 관계 등의 요인에 따라 상담의 내용이 현저히 달라질 수 있다는 위험이 있다. 이러한 문제에 대해 『셀프 카운슬링』의 저자 와타나베 야스마로는 글쓰기를 통해 내담자 스스로가 자신의 문제를 객관화하고 자기 이해, 통찰의 과정을 거쳐 자신의 문제를 극복하며 자기 상담과 성장을 이룬다고 하였다.

또한, 대화 상담에서 상담자의 개입에 의해 발생할 수 있는 문제를 최소화할 수 있으며, 시간적, 경제적 부담이 대화 상담에 비해 현저히 적다는 장점도 유념하길 바란다.

캐슬린 애덤스 또한 자신의 책『저널치료』첫 장에서 글쓰기를 '2천 원짜리 치료사'라고 표현하고 있다.

"나는 거의 30년 동안 동일한 치료사에게 치료를 받고 있다. 이 치료사는 하루 24시간 언제라도 내가 이용할 수 있으며, 30년 동안 휴가를 간 적이 한 번도 없다. 나는 나의 치료사를 새벽 3시에도, 나의 결혼식에도, 점심시간에도, 춥고 외로운 크리스마스에도, 보라보라 해변에서도, 치과에서 차례를 기다리는 동안에도, 언제 어디서나 불러낼 수 있다.

나는 내 치료사에게 무슨 이야기든 다 할 수 있다. 나의 모든 이야기를 나의 치료사는 나의 가장 악하고 어두운 면에 대해서, 나의 가장 기괴한 상상에 대해서, 나의 가장 소중한 꿈에 대해서 조용하게 들어준다. 그리고 나는 이 모든 이야기를 내가 원하는 어떤 방식으로든 이야기할 수 있다. 즉 소리치거나 훌쩍거리거나 몸부림을 치거나 통곡하거나 격분하거나 크게 기뻐하거나 거품을 물고 화를 내거나 축하하거나 어떻게 말해도 된다.

내가 우습게 보여도, 남을 은근히 비방해도, 자기 반성적이어도 상관 없다. 남을 비난하거나, 빈정대거나, 무기력하거나, 기발하거나, 감상적이거나, 잔인하거나, 심오하거나, 신랄하거나, 고무적이거나, 완고하거나 저속하거나 아무래도 좋다.

나의 치료사는 이 모든 것을 그대로 받아줄 뿐만 아니라 더 놀라운 점은 그런 나에 대해 뭐라고 한마디 해준다거나, 판단하거나, 보복하지 않는다는 점이다.

가장 좋은 점은 이 치료사는 나와 자신이 함께 했던 시간에 일어난 모든 일을 상세히 기록해놓기 때문에 나는 책꽂이에 내가 겪은 여러 사랑과 고통, 승리, 상처 그리고 나의 성장과 변화 등을 담은 내 생의 연대기를 간직할 수 있다는 점이다.

이쯤 되면 당신은 이 치료사와 상담하려면 비용이 무척 많이 들겠지 하고 생각할 것이다.

그러나 천만의 말씀, 이 치료사는 돈을 받지 않는다. 이 치료사는 어느 나라에 어느 도시에서든지 단돈 2천 원이면 살 수 있는 스프링노트에 적은 나의 저널이다."

치유 과정에서 이 상담 선생님과의 만남은 더욱 핵심적이다. 분명한 것은 주체적으로 움직여야 한다는 것. 이제 나 자신에게 물으며 글을 쓰

자. "어떻게 생각하니?", "이제 괜찮니?", "좀 편안해졌니?" 만약 고통스러운 어떤 것이 있는데도 글을 쓰지 않는다면 그건 고통과 아픔을 쓸어내버리는 절호의 기회를 스스로 걷어차는 것이다.

누구나 한 번쯤 이런 생각을 해보았을 것이다. '여기가 어디지? 내가 어디로 가고 있는 거지? 나에게 왜 이런 일이 생긴 거지?' 살면서 이런 공허감과 절망감에 흔들릴 때마다 복잡한 심경을 토로하고 싶기도 했었고 지지와 응원이 필요하지 않았던가. 우리에게는 나의 생각과 감정, 아픔과 고통에 충분히 귀 기울여주고 공감해줄 전폭적인 지지자가 필요하기 때문이다.

비록 우리를 둘러싼 상황이 쉽지 않지만 건강하고 행복하게 사는 것이 우리 모두에게 주어진 과제가 아닐까? 글쓰기 속에 있는 다정하고도 유능한 상담 선생님과의 만남을 통해 마음속에 숨어 내 마음을 어지럽히고 다른 사람과의 관계를 불편하게 만들어버리는 마음의 상처에서 속히 자유로워지길 바란다.

나아지려고 노력하라

우리가 원하는 인생을 살자

"저는 하루 감정을 글로 써놓을 때가 있는데, 글을 쓰는 것만으로 제 자신을 컨트롤 할 수 있었습니다. 제가 어떤 상태인지 생각하면서 정확히 파악하게 되고, 현재 상태에서 어떻게 하는 것이 좋을까 생각하면서 정리를 하게 되더라고요."

"저는 글을 쓰면서 무언가 자신이 생겼어요. 그 어떠한 것이라도 극복할 수 있는 힘이 생기는 거 같아요."

글쓰기 프로그램을 함께한 사람들의 소감이다.

우리는 살면서 참으로 못마땅한 이상한 행동 하나를 한다. 자기 가능성의 틀을 스스로 만드는 것이다. 문제는 그 틀에 대해 어떠한 의심도 하지 않는다는 것인데 더욱 안타까운 것은 자신이 만든 틀을 너무도 당연한 것으로 받아들이는 것이다. 다시 말해 사는 대로 생각하고 그것이 진짜 나이며 나의 한계치라고 생각하는 것이다.

그런데, 우리가 처음부터 이랬던가. 아니지 않은가. 꿈도 많았고 뭐든 할 수 있다는 힘찬 에너지가 넘치던 그런 우리가 아니었던가. 실패와 좌절로 부정적인 감정에 굴복당해 굳어진 우리의 모습을 바라보며 무언가 깊은 오해에 빠진 것은 아닐까. 이제 이 수렁에서 빠져 나와야 하지 않을까?

다행인 것은 방법이 있다는 것이다. 세상 어디에도 없는 나를 찾아내는 기술과 나를 단단하게 단련시키는 기술이 있는 글을 쓰는 것이다.

분명한 것은 삶에 어떻게 반응하는가에 따라 우리는 원하는 인생을 살수도 있고 그렇지 못할 수도 있다는 것이다. 조던 피터슨은 『12가지 인생의 법칙』에서 이렇게 이야기하였다.

"'정확히 무엇이 잘못되었는가? 정확히 내가 원하는 것은 무엇인가?' 당신은 이렇게 정리한 내용을 솔직히 털어놓음으로써 혼돈에서 질서의 세계를 이끌어내야 한다. 불행과 혼돈에서 벗어나려면 정확하고 정직하게 말해야 한다. 움츠리고 숨는다면 당신의 어두운 내면에 숨어 있는 작은 용이 거대한 용으로 변해 당신을 단숨에 삼켜버릴 것이다.
......

당신이 지금까지 어떤 삶을 살았는지 알아내야 한다. 그래야 지금 당신이 어디에 있는지 알 수 있다. 당신이 지금 어디에 있는지 정확히 알지 못하면 '어디에나' 있을 수 있다는 뜻이다. 어디에나 있다는 것은 지독히 나쁜 곳에 있을 수도 있다는 말이다. 거듭 말하지만, 당신이 지금까지 어떤 삶을 살았는지 알아내야 한다. 그렇지 않으면 당신이 목표로 삼는 곳에 이를 수 없다."

그는 이를 위해 무엇보다 글을 쓰면서 생각하는 힘을 키워야 한다고 하였다.

"생각을 제대로 하면 그건 살아가면서 효과적으로 행동할 수 있게 돼요. 삶에서 거쳐야 하는 전투들에서 이길 수 있어요. 여러분이 제대로 생각할 수 있고, 말할 수 있고, 글을 쓸 수 있다면 여러분 앞길을 막는 건 아무것도 없어요!"

더 나은 인생은 나를 이해하는 데서 시작된다

인생에서 더 나아지려는 노력은 어떻게 시작하는가? 그것은 나 자신에 대한 정확한 이해, 즉 나 자신을 제대로 아는 것에서 시작된다.

운동선수들은 자신의 경기를 모니터링하면서 자기 자신을 배운다. 운동선수들에게 무엇보다 중요한 것은 나 자신에 대한 이해와 분석이기 때문이다. 이러한 과정을 통해 뼈아픈 실책과 자신의 성장을 위한 해결책을 찾는다. 감독이나 다른 사람들로부터 나의 이야기를 듣는 것도 중요하지만, 더 큰 해결책은 나에 대한 이해에서 시작되는 것이다. 사실, 어떠한 운동선수라도 자신에 대한 정확한 이해와 분석 없이는 어떠한 성장도 기대할 수 없다. 운동선수들이 하는 자신에 대한 모니터링, 분석은 반드시 내일의 성장으로 이어진다. 나에 대한 어떠한 문제도 제대로 파악하면 해결책을 구할 수 있고 그렇게 얻은 교훈으로 중요한 무언가를 배우기 때문이다.

글을 쓴다는 것, 나 자신을 쓴다는 것이 바로 이것이다. 내가 쓴 글로 나를 파악하고 분석하며 나를 배우는 것이다. 장점은 무엇인지, 단점은 무엇인지 말이다. 나 자신에 대한 이런 분석은 얼마나 중요한가. 이런 글쓰기야말로 어디서도, 돈으로도 살 수 없는 자기 자신만을 위한 최고의 자기 계발서가 되는 것은 아닐까.

사실, 나아지려는 노력은 지나온 삶과 직면하겠다는 의지에서 시작된다. 내가 쓴 글은 지나온 삶에 대한 흔적이 되기 때문이다. 흔적 가운데는 뿌듯함과 만족감을 안겨주는 일도 있지만 마주하고 싶지 않은 뼈아픈 실수와 잘못도 있다. 우리는 지나온 흔적들을 적으면서 어디가 어떻게 잘못되었는지, 왜 이런 실수가 있었는지를 자세히 알아내야 하는 것이다. 누가 말해주는 것이 아닌, 나 스스로가 살아온 삶을 돌아보며 교훈을 얻는 것이다. 분명 겸허한 자세로 자신의 삶을 바라보는 시간이 될 것이다. 우리는 자신의 삶을 바라보며 옷깃을 여미며 자세를 고쳐 앉을 것이다. 아름답고 건강한 내일을 위해 지금 우리에게 이보다 더 중요한 일이 있는가.

분명한 것은 글을 쓰면 어제와 오늘이 분명 다르다는 것, 한 발짝 앞으로 밀고 나가는 것이다.

식물이 성장하는 데는 햇빛과 비, 낮과 밤이 모두 필요하듯이 우리들의 성장에도 장점은 더욱 발전시키고 단점은 반성과 해결책을 생각하며 더 나아지도록 노력하는 것이 필요하다. 중요한 것은 이 모든 것을 잘 다루어 우리들의 성장에 꼭 필요한 자양분으로 만드는 것인데 이때 필요한 것이 바로 글쓰기의 힘이다.

나를 발전시키는 힘을 글쓰기로부터 배운다는 것은 얼마나 중요한가. 자, 이제 글쓰기를 시작하자. 글쓰기 최고 능력인 나를 알아내는 기술로 더 발전하고 더 당당한 내가 되도록 노력하자. 자신에 대한 이해와 분석 없이는 어떠한 성장도 기대할 수 없으며 어느 경우에도 나를 아는 힘은 중요하고 가치 있는 일이기 때문이다.

그러니 글쓰기 앞에서 더 이상의 핑계는 없다. 머뭇거림도 없다. 대신

두 손을 모으고 자세를 고쳐 앉으며 이런 생각을 해보는 건 어떨까?

"겸손한 자세로 나 자신을 조금씩 고쳐나가면 이전보다는 좀 나아지지 않을까요? 쓸 만한 존재가 되지 않을까요?"

어떤가? 나 자신이 기대되지 않는가?

고인 물에는 이끼가 낀다고 하였다. 흐르지 않고 고여 있으면 썩는다는 뜻이다. 매일 조금씩이라도 나아지기 위해 노력하자. 글쓰기는 당신을 도울 것이다.

지금 삶으로부터 무언가 원하는 것이 있는가. 그렇다면 글을 써라. 당신이 간절히 원하는 그 무엇, 절박한 그 무엇을 위해 글을 써라. 글쓰기는 분명 당신의 성장을 위한 최고의 길을 준비할 것이다.

치열하게 답을 내라

치열하면 답이 나온다

글을 쓰면서 한 가지 삶의 공식을 깨달았다. 치열하면 어떤 식으로도 답을 낸다는 것이다. 사실, 세상의 모든 일이 그렇듯이 치열하면 어떤 방식으로든 답을 낸다. 이 뻔하고도 특별할 것 없는 사실 앞에서 우리는 늘 머리를 긁적이며 머뭇거린다.

"아, 그렇게까지는 할 자신이 없는데."
"지금 시작하기엔 너무 늦었잖아."

누구나 자기만의 이유는 있는 법이다. 그러나 중요한 것은 치열함은 그 어떠한 상황에서도 굵고도 진한 답을 낸다는 사실이다.

특별한 시간, 나는 그야말로 치열하게 글을 썼다. 사실, 할 수 있는 게 거의 없었다. 무척이나 제한적이었다. 가능한 것은 엎드리거나 서서, 책을 읽거나 글을 쓰는 정도. 지금 이 순간도 서서 글을 쓰고 있으니까.

환경적인 이유도 있었지만 왜 그리 치열했을까. 분명, 나 자신에 집중하며 글을 쓰면서 나 자신을 알아가는, 진짜 나를 발견하는 특별한 즐거움에 시간 가는 줄 몰랐을 것이다. 그렇다. 이 놀랍고도 즐거운 발견이 지치지도 않고 미치도록 글을 쓰는 치열함의 동력이 된 것이다.

이번 장의 제목에 있는 '치열하게 답을 내라.'에서 이 치열해야 한다는 것을 부담으로만 여기지 말았으면 좋겠다. 치열함의 이유와 결과는 해방 즉, 어디서도 만날 수 없는 자유함이기 때문이다. 나를 제대로만 알면 그 어떠한 것에서도 자유로울 수 있기 때문이다.

치열하되, 자유롭고 즐겁게!

치열하기 위한 방법을 즐겁고 재미난 상상으로 돌려 생각해보면 어떨까?

미국 놀이 연구소 소장 스튜어트 브라운에 의하면 놀이는 인간의 창의성을 높여주는 가장 창조적인 행위라고 하였다. 그는 도널드 헵의 아주 오래된 이론인 '가소성 이론'을 빌려서 "인간은 놀이를 통해서 정상적인 어른으로 성장할 수 있다."라고 주장했다.

연구에 의하면 많이 노는 사람들이 두려움을 더 잘 이겨내고 현재에 만족하며 미래에 대해 좀 더 창의적으로 생각한다는 것이다. 반면 놀이 활동이 부족한 사람일수록 경직된 인지 능력을 보였다는 것인데, 그렇다면 이런 재미난 상상으로 치열함을 시작하는 것은 어떤가.

'나, 글쓰기 놀이터에서 치열하게 놀아보겠어!'

중요한 것은 이렇게 놀이터에서 노는 동안 나란 사람을 깊이 있게 만나며 더 큰 어른이 되기 위한 답을 낸다는 것이다. 지금보다 더 근사하고 매력적인 어른이 되기 위한 글쓰기라는 놀이터!

치열해야 하는 이유가 바로 여기에 있는 것이다. 나를 살리고 건지고 구원하는 것이 글쓰기라면, 더 큰 어른으로 성장시키는 것이 글쓰기라면 해야 하는 것이 아닌가. 지금 우리에게 이보다 중요한 것이 어디 있는가.

글쓰기는 쑥스러워하는 내게 속삭였다.

"네 맘대로 해. 마음껏 춤을 춰봐! 너를 자유롭게 풀어 놓아줘. 누구에게 보여줄 것도 아닌데 뭐 어때. 다섯 줄이면 어떻고 열 줄이면 어때. 한 페이지면 또 어때."

글쓰기는 막춤이면 어떻고 발레면 또 어떻냐는 것이었다.

나는 유명 작가가 된 것처럼, 유쾌한 방에서는 낄낄거리며 재밌는 이야기들을, 과거의 방에서는 어린 시절의 내 이야기들을, 미래의 방에서는 반전과 꿈에 대한 이야기를 썼다. 치유의 방에서는 눈물을 찍어내며 연고를 바르고 파스를 붙였으며, 사색의 방에서는 철저하게 나란 사람과 마주 앉았다. 음악 이야기, 요리 이야기, 책 이야기, 친구 이야기, 가족 이야기.

그런데 놀라운 일이 일어났다. 이 글쓰기 놀이터에서, 하얀색 종이 위에서 미친듯이 춤을 추던 그 시간이 답을 내는 것이 아닌가! 삶의 곳곳을 파헤치며 답을 내는 것이 아닌가!

글쓰기에 나 자신을 자유롭게 놓아주자

혹시, 풀리지 않는 어떤 어려움으로 막막함 가운데 있는가. 글쓰기에 자유롭게 나를 풀어놓아 주자. 화려하지 않아도 좋다. 눈부시지 않아도 좋다. 주목받지 않아도 좋다. 그 어떤 모습이라도 괜찮으니 춤을 추자. 치열하게 글을 써보자. 순식간에 휘갈겨 써보기도 하고 며칠 동안 숙성시켜 딱 맞춤 정장을 입은 듯 제법 그럴듯한 글도 써보자. 그저 내 이야기 아닌가. 앞뒤가 안 맞으면 어떤가. 진짜 막춤이면 어떻고 발레면 어떤

가. 치열하게 당신의 삶을 누비며 글을 써보자. 당신은 어디서도, 그 누구도 내지 못했던 특별한 답을 낼 것이다.

이런 이야기를 해주고 싶다. 치열하게 나를 찾으려고 노력한 사람과 그렇지 않은 사람의 1년 뒤! 분명 자존감, 자긍심, 자기 확신, 미래 의식이 다를 것이다. 이제 글을 쓰면서 내가 누구인지, 무엇을 원하는지, 어떤 가능성이 있는지 치열하게 한번 글을 써보자. 내 안에 있는 이야기, 나만의 가치를 꺼내어 세상 밖으로 꺼내어주자.

미국의 철학자 헨리 데이비드 소로우는 자신을 어떻게 생각하느냐가 자신의 운명을 결정짓는다고 하였다. 나 자신이 누구인지, 어떻게 생각하는지는 나 자신의 운명을 결정지을 만큼 중요한 것이다. 그러니 치열하기 위한 이기적이라면 그 어떤 것도 감수해서라도 글을 쓰며 나를 만나길 바란다.

언제 우리가 나 자신을 알아내기 위해 치열해본 적이 있었던가. 자기 자신을 그렇게까지 살펴본 적이 있었던가. 그러나 자기 자신을 들여다보고 알아주어야 하는 것은 너무나 중요하다. 내가 나를 알아야 남과 비슷한 평범함도 다른 사람과는 다른 특별함과 독특함도 알 수 있지 않은가. 사실, 자기 자신을 모르는데 이 시대가 요구하는 독창성, 창의성을 어떻게 어디서 무슨 재주로 알 수 있겠는가.

이런 결론 앞에서 치열하지 못할 이유는 어디에도 없다. 우리 이제는 글을 쓰자. 세상이라는 전쟁터에서 나 자신을 지키고 버티고 살아내기 위해서는 치열하게 글을 쓰며 내가 누구인지 알아내자. 나 자신을 찾아내자. 자, 이제 치열함을 부담으로 여기는 나약함을 버리고 치열하게 글을 쓰며 진짜 나를 만나자.

위기의 시대, 생존에 대한 문제로 하루하루를 스트레스와 압박감으로 살아가는 우리 모두에게 무엇보다 중요한 것은 글을 쓰는 것이다. 글쓰기는 나 자신을 당당하고 건강하게 세상 속에 서게 하기 때문이다.

나를 찾아 떠나는 글쓰기 여행을 시작해도 좋고 매일 30분씩 나 자신과 마주 앉아 진짜 나를 만나고 진짜 나의 생각을 알기 위해 치열하게 글을 써도 좋다. 아, 얼마나 감사하고 위대한 일인가. 더 큰 어른으로 성장하기 위한 글쓰기 놀이터. 장담하건대 이 치열한 놀이의 끝은 아름다운 자유와 당당함이다.

이제 당신 차례가 되었다. 당신만의 글쓰기 놀이터에서 마음껏 춤을 춰라. 어쩌면 외롭고 고독한 시간이 되겠지만 당신은 이 특별한 놀이터에서 당신이라는 사람을, 새로운 당신의 인생을 만날 것이다. 막춤이어도 괜찮다. 발레여도 괜찮다. 단, 부디 치열하고 거침없이 글을 써라. 분명, 당신이 치열하게 글을 쓰는 모든 시간은 더 큰 어른이 되기 위한 특별한 시간이 될 것이다.

당신 안의 이야기를 하라

내면의 나를 보자

우리는 살면서 다른 사람과의 관계를 위해 지치고 힘들어도 외부로의 시선을 멈출 수가 없었다. 정작 중요한 것은 나를 알기 위한 내부로의 시선이었다. 나의 이야기를 통해 나를 아는 것이 먼저였다는 것이다. 이제 외부로만 쏠려 있던 시선을 나에게로 돌리자. 나의 이야기를 글로 쓰자. 나의 이야기를 글로써 쓰는 것이 중요한 것은 그 이야기 가운데 진짜 내가 있기 때문이다.

우리는 나의 이야기를 글로써 쓴 적이 없다. 이것은 살면서 진짜 나를 발견하고 나의 진심을 목격하는 참으로 중요한 것을 놓치고 살았다는 것이다. 이제, 당신의 이야기를 글로 쓴다면 당신은 글 속에서 당신의 진심을 발견할 것이다.

나의 이야기를 글로써 쓴다는 것은 나와 진솔한 대화를 하겠다는 의지가 된다. 사실, 우리는 나와 마주 앉아 대화를 해본 적이 없다. 그 결과 나를 잘 모른다. 무엇을 좋아하는지, 그 사람이 왜 싫은지, 요즘 하고 있는 일은 어떤지, 나는 어떤 사람이 되기를 원하는지, 진짜 하고 싶은 것은 무엇인지.

깊은 대화를 안 해봤기 때문이다. 그래서 지금 살고 있는 그 모습이 진짜 나라며 깊은 착각에 빠져 그냥 그렇게 살고 있는지도 모른다. 나에게 집중해본 적이 없기 때문이다.

어쨌든 그 후유증은 자신을 잘 알지도 못하면서 자기 자신을 특별한 것이 없는 사람, 스스로 부족한 사람이라고 생각하는 것이다. 내가 치열할 수밖에 없었던 이유가 바로 이것이다. 어디서도 본 적 없는 특별한 나의 이야기, 독특하면서도 진솔한 나와의 짜릿한 만남이라니! 당신이 당신의 이야기를 시작해야 하는 이유가 바로 이것이다.

우리는 자신의 이야기를 잘 알고 있다고 생각한다. 중요한 것은 얼마나 제대로 알고 있느냐이다. 당신의 이야기를 시작하는 것이 중요한 것은 그 이야기 속에 무한한 가치가 숨어 있고 그 가치는 상상을 초월하는 힘으로 당신의 인생을 이끌어가기 때문이다.

누구에게나 이야기가 있다. 내게도 앞에서 이야기한, 무언가 할 말이 있다면 빨리 이야기를 하고 꺼지기를 간절히 원했던 지난 몇 년간의 특별한 시간, 특별한 이야기가 있다. 숨 막히는 시간, 나는 글을 썼다. 뼛속까지 내려가서 발가벗듯이 나의 이야기를 쓴 것이다. 놀라운 것은 그 이야기를 통해 억만금을 주고도 살 수 없는 진짜 나란 사람을, 나의 진심을 발견하였다는 것이다. 어떤가. 당신도 해야 하지 않겠는가.

더 나아가 글쓰기는 당신의 이야기를 통해 당신만의 꼭꼭 숨겨진 가치를 찾아낼 것이다. 그것은 실수를 통해 배우는 겸허함의 가치일 수도, 당신만의 독창적이며 창조적인 특별한 가치일 수도 있다. 중요한 것은 글쓰기는 당신의 귀한 가치가 그저 생각만으로 존재하지는 않게 한다는 것, 분명 그 가치가 무언가 새로운 일을 시작할 것이라는 뜻이다.

당신이 살아온 인생은 얼마나 소중한가. 이제 당신의 이야기를 시작하고 진짜 당신을 찾기 바란다. 진짜 나, 진짜 나의 가치는 글로써 쓰일 때 더 분명히 알 수 있기 때문이다. 기억의 저편에 있는 그 무엇, 주변을 떠도는 생각, 마음 속 깊은 곳에 자리한 그 어떤 이야기라도 좋다. 글로써 풀어보자. 내가 누구인지, 무슨 생각을 품고 있는지, 원하는 것이 무엇인지, 확실하게 알 수가 있다. 그 어떠한 것이라도 글로써 구체화시키면 객관적인 힘을 발휘하게 되기 때문이다. 그래서 써야 한다.

분명 당신에게는 당신만의 이야기가 있을 것이다. 지금부터 그 이야기를 시작해보자. 분명 당신은 살면서 한 번도 생각하지 못한 놀랍고 신기한 경험을 하게 될 것이다.

내친김에 한 가지 더, 당신이 너무 지혜로워서 이 경험을 계속하게 된다면 당신은 어느 사이엔가 당신도 상상하지 못한 세계에 와 있을지도 모른다.

기대! 내게는 전혀 어울리지 않을 것 같은 이 기대라는 거. 분명, 이 기대는 나만의 반짝이는 가치를 발견하고부터였다. 나에 대한 발견은 기대를 낳았다. 내 안에 있는 보물, 나만의 가치를 발견하고 나란 사람이 어떻게 구성되어 있는지 그 정체성을 회복하는 그 끝에서 나를 기대하는 삶으로 변한 것이다.

글을 쓰지 않았다면, 나를 기대하며 내가 어떤 삶을 살아야 할지 꿈과 비전을 향해서 힘찬 걸음을 내딛는 이런 상황은 절대로 오지 않았을 것이다. 글쓰기는 미처 생각지 못했던 나의 이야기들로 전혀 꿈꾸지 못했던 나의 비전들을 보게 한 것이다.

당신의 이야기를 시작하라

자, 이제 당신의 이야기를 시작하자. 분명 당신은 미처 깨닫지 못했던 당신이란 사람을 발견하게 될 것이다. 곧이어, 반짝반짝 빛나는 당신만의 수많은 가치들을 발견하게 될 것이다. 글쓰기는 말할 것이다. "네가 이런 사람이야. 잘 보라고. 잘 봐. 네가 얼마나 열심히 살았는지 잘 보라고. 네가 살아온 인생이 그렇게 보잘 게 없는 게 아니었어. 너는 최선을

다해서 살았어. 나는 네가 얼마나 열심히 살았는지 알아." 당신은 아마
깜짝 놀랄 것이다.

나탈리 골드버그는 『뼛속까지 내려가서 써라』에서 이렇게 말했다.

"서투르고 꼴사나운 자신을 그대로 인정하고 받아들여라. 당신은 지금
스스로 자신을 발가벗기고 있는 것이다. 글쓰기를 통해 자신의 인생을
노출시킨다는 것은 절대 자신의 에고를 남들에게 보여주고 싶은 대로 연
출한다는 뜻이 아니다. 자신이 그저 하나의 인간 존재임을 드러내 보인
다는 뜻이다. 바로 이러한 이유로 나는 글쓰기가 종교와 다를 바 없다고
생각한다. 당신이 쓰고 있는 딱딱한 껍질을 벗기고 열린 마음으로 세상
을 향해 다가가도록 한다."

당신보다 나을 것 하나 없는 내가 당신에게 당신의 이야기를 쓰라고
하는 데는 또 다른 이유가 있다. 나의 이야기에는 살아내야 하는 이유와
어디서도 경험하지 못한 위로와 회복이 있기 때문이다.
지금 당신은 어떤가. 혹시 그 시간의 나처럼 아픔과 절망 가운데 있는
가. 그렇다면 너무 힘들어하지 말고 먼저 당신 자신과 만나기를 바란다.
당신의 이야기를 글로써 만나길 바란다. 쓰면, 당신을 더 구체적으로 만
날 수 있기 때문이다. 당신의 글 속에서 진짜 당신을 만나고 아픔을 털고
자리에서 일어서길 바란다.

내 이야기를 글로써 적어보는 것이 중요한 것은 한 발짝 떨어져서 상황에 매몰되지 않고 전체적인 것을 파악하는 것에 있다. 글을 쓰면 적어도 어려운 상황에 함몰되어 허우적거리지 않는다. 함몰된다는 것은 상황에 항복한다는 이야기 아닌가. 함몰 대신 몰두하자. 나 자신의 이야기에 몰두하자. 당신의 삶은 분명 괜찮았을 것이다. 글쓰기는 혼란스러운 감정과 생각을 정리할 것이다.

끝으로, 글로써 쓴 나의 이야기에는 진심만이 있으며 이 진심의 힘이 나를 키우는 것에 주목하길 바란다. 결국, 내가 쓴 글이 나를 키우는 것이다. 글쓰기와 함께 깊이 더 깊이 들어가며 나 자신을 성찰하는 시간을 가져보자. 당신 삶에서 이 일이 당신의 삶을 어떻게 움직일지, 얼마나 크게 성장시킬지 아무도 모른다.

이제, 당신이 지나온 시간을 누비며 글을 쓰자. 당신의 이야기를 펼쳐보자. 글 속에 나를 풀어놓으며 자유롭고 진실하게 나의 이야기를 시작해보자.

나라는 사람이 지나온 모든 시간 속에서 느꼈던 생각, 살면서 만났던 사람, 살면서 부딪혔던 사건들을 글로써 만나는 것은 신선한 충격이 되기도 하지만 나라는 사람을 배우는 특별한 시간이 될 것이다.

지금 우리는 너무나 바쁜 인생을 살고 있다. 그러기에 나란 사람에 대해서 내가 어떤 인생을 살았는지 내가 무엇을 원하는지 그 해결은 어떻게 해야 하는 건지 잠깐 시간을 내기도 어려울 수 있다. 이해한다. 당신이 얼마나 바쁜지, 쓴다는 것이 얼마나 어려운지도, 그러나 나는 또 안다. 나의 이야기를 쓰는 사람과 안 쓰는 사람의 간극이 얼마나 큰지도.

일단 시작하라, 할 수 있다!

시작하지 않으면 가능성은 0이다

글쓰기 앞에는 참으로 여러 모습이 있다.

"나, 글 잘 못 쓰는데….."라며 잔뜩 부담감을 느끼는 모습.
"막막하고 피곤하게 느껴져."라며 머뭇거리는 모습.
"글 쓴다고 뭐 인생이 그리 달라지겠어?"라며 효율성을 한 번 더 따져
보려는 모습.

이렇게 글쓰기 앞에는 고민만 앞세우다가 시작조차 못 하는 사람들이
있다. 아니, 많다. 그러지 말자. 중요한 것은 기준을 낮추더라도 일단 시
작을 하는 것이다. 내가 글을 얼마나 잘 쓸 수 있을지는 나중에 생각할
문제다. 앞에서도 이야기했지만 글쓰기를 어떤 거창한 것으로 생각한다
거나, 나 스스로 대단한 글을 써야 한다는 생각도 부디 내려놓길 바란다.

글쓰기가 왜 중요한지는 이 책 전체를 통해서 이야기하였다. 분명 당신도 왜 써야 하는지 알 것이다. 이제 더는 머뭇거려서는 안 된다. 일단 시작을 하자. 무슨 일이든 시작을 해야 시작이 된다. 시작하지 않으면 스스로 가능성을 0으로 만드는 것이기 때문이다

이제, 이렇게 바꾸어 생각해보면 어떨까?

"텅 빈 백지는 나에게 공포감을 주는 공간이 아니라 무한대의 기회를 제공하는 공간이다!"

인간에게 주어진 가장 큰 선물 가운데 하나는 어디에 초점을 맞출지 선택할 수 있는 능력이다. 우리에게 필요한 것은 거창하거나 대단한 글쓰기가 아닌, 나를 제대로 알기 위한 솔직하고 진정성 있는 글쓰기이다. 사실, 어디서도 알려주지 않는 나, 어디서도 배울 수 없는 나 아닌가. 숨 가쁘고 고단한 오늘을 사는 우리에게 진짜 나를 아는 것보다 중요한 것이 있는가.

나탈리 골드버그는 말했다.

"글을 쓸 때에는 모든 것을 내려놓아라. 당신의 내면을 표현하기 위해 단순한 단어들로 단순하게 시작하려고 노력하라."

바로 그곳에 마음을 두자. 지금 우리에게는 나에게 파고들어 진짜 나라는 사람을 잘 아는 것이 무엇보다 중요하기 때문이다. 지금부터 글쓰기를 가로막는 그 어떠한 것도 다 내려놓길 바란다.

무엇보다 배우려는 마음이 중요하다

수영이 우리 몸을 건강하게 하는 것을 알고 그 필요성을 느끼며 수영을 배우려는 마음이 들었다면 더 이상 수영장 근처를 빙빙 돌아서는 안 된다. 수영복을 사서 수영장에 들어가서 발차기부터 시작을 해야 어쨌든 시작이 되는 것이다. "나, 수영 못 하는데, 물이 무서워요." 물론 처음이라 물이 두려울 수 있다. 그러나 수영장에 가봐서 알겠지만, 처음 수영을 시작하는 사람들을 위해서 킥판도 있고 구명 조끼도 있지 않던가.

무엇보다 배우려는 마음이 중요하고 그것을 행동으로 옮기면 시작이 되는 것이다. 두려움이 아닌, 배우려는 마음을 앞세우고 일단 시작해보자. 시작을 하는 것이 중요하다.

정재승 박사는 『열두 발자국』에서 "인생을 새로 고침하고 싶으면 결국엔 생각과 행동을 바꿔야 한다."라고 하였다. 그 옛날 아리스토텔레스도 이런 이야기를 하였다.

"당신이 반복적으로 하는 일, 그것이 바로 당신이다. 그러므로 탁월함은 행동이 아니라 습관이다."

그렇다면 우리 인생의 성공은 지금까지와는 전혀 다른 차원의 선택을 하는 데서 출발하고 완성되는 건 아닐까. 꼭 성공이 우리의 목표는 아니어도 말이다. 그러나 분명히 말할 수 있는 것은 이 전혀 다른 차원의 선택은 글을 쓰는 것이며 글쓰기의 습관을 지녀야 한다는 것이다.

지금 우리에게 가장 중요한 것은 글을 쓰는 것이다. 글을 쓰면서 생기는 그 힘이 나의 힘이 되어야 하고 글쓰기에 있는 그 힘이 나의 본질적 구체적 힘이 되어야 하기 때문이다.

글쓰기의 기적을 믿어보자. 분명 글쓰기의 막막함은 '더 있는 나!'를 발견할 것이며 글쓰기의 두려움은 나를 찾는 기쁨으로 변할 것이다. 당신은 반짝이는 나를 발견하고는 감격스러움에 이렇게 소리칠 것이다.

"와, 이게 나야? 와, 이게 나라니!"

중요한 것은 한 문장이라도 일단 시작하는 것이다. 지금 단 한 문장이라도 그것을 종이 위에 쓰자. 그것이 당신을 어떻게 할지 아무도 모르는 일이다.

아주 작고 쉽고 편하게 갈 수 있는 것부터 시작하길 바란다. 3줄 일기, 5줄 감사 일기, 블로그…. 그 어떤 것이라도 좋다. 일단, 시작하길 바란다. 지금 바로 용기를 내어 글쓰기를 시작하자. 당신은 아주 잘할 것이다.